오늘도 달콤함을 굽습니다.

생각보다 행동하는 자의 창업 스토리

민혜주

골목 중에서도 골목에 위치한
10평짜리 작은 쿠키 가게에서 일 쿠키 1000개 파는
전국구 쿠키 맛집이 되기까지.
1인 셀프 창업으로 오픈 해도
무한한 대박 가능성을 꿈꿀 수 있는 비결!

마음속 진심을 꺼내 쓰는 작가가
마음을 담아 정성껏 구워내는 쿠키 가게를 열었다.

"어서 오세요 in heart cookie입니다."

IN HEART COOKIE

A bite of cookies and a cup of coffee
will make you feel romantic

A cookie story where heart and love meet and bake

Coffee cookies and books.
A space where I realize all the things I love.

Thanks for coming.

인하트쿠키를 열기까지

이 책에는 10년간 아이돌 연습생으로 살던 한 명의 평범한 사람이 10년 만에 고향에 내려와 전혀 상관없는 직종인 디저트 카페를 창업하게 모든 것에 대해 담겨져 있다.

그리고 기록을 통해 어느 누구나 간절함과 노력이 있다면 이 정돈 할 수 있다는 메시지 또한 담고 있다.

언젠가 한 번쯤 나만의 가게를 차리고 싶다고 생각해 본 적 있다면 이 책을 읽어보는 시간이 분명히 당신에게 큰 터닝 포인트가 될 수 있다고 약속한다.

나 또한 이 경험이 나의 삶에 있어 큰 터닝 포인트가 되었으니 말이다.

커피 없이 오로지 쿠키 하나만으로 일 매출 1천만 원을 달성하고, 현재 2호점에 3호점 계약까지 앞둔 울산의 작지만 경쟁력 있는 쿠키집의 살아남을 수 있었던 실질적인 비결과 생각만 하던 이들에게 행동으로 추진할 수 있는 용기를 불어줄 경험담을 나와 같은 꿈을 꾸는 자에게 모두 들려주고 싶다.

누군가에게 달콤한 희망과 꿈이 되기를!

이런 분들께 추천합니다.

1) 1인 창업을 계획하시는 예비 창업자분들

2) 하나의 업장을 브랜딩 하여 마케팅하기까지의 과정에 대해 조금이나마 쉽게 접근하고 싶으신 분들

3) 브랜딩 마케팅 관련 실질적인 노하우들이 필요하신 분들

4) 창업 후 어떤 아이템을 어디서 어떻게 팔 것인지에 대해 전략적으로 접근 하고자 하는 분들

5) 개인 디저트 카페 또는 개인 카페를 운영하며 차별화된 시그니처가 필요하신 분들

6) 타인의 경험을 통해 보다 넓은 경험을 하고자 하는 분

이렇게 읽어 주세요.

1) 눈으로만 읽지 말기
: 인상 깊었던 부분은 본인만의 노트에 기록하며 읽으면 훨씬 좋습니다. 손으로 쓰면서 읽으면 머리에 쉽게 입력되기에 한 번 더 상기시킬 수 있는 작용을 합니다.
또한 스스로에게 인상 깊었던 부분들만 따로 모아보면 추후 실전에서 보다 수월하게 본인만의 운영 노하우를 구축해낼 수 있습니다. 더불어 마케팅 공부 노트, 레시피 기록 노트 등 한 권씩 노트를 준비해 그때그때 기억에 남는 것들을 기록하는 습관을 들이면 그게 곧 나만의 자산이 됩니다.

2) 일상 속에서 배움을 찾아보기
: 카페에서 커피 한 잔을 마시더라도 그 업장만의 장단점을 분석해 보세요. 어느 곳이나 배울점 하나, 소비자들이 꾸준히 찾는 이유는 하나 있기 마련입니다. 더불어 본인이 하려는 동종업계 매장에서 요즘 잘 된다 하는 곳들은 흐름을 읽기 위해서라도 꼭 방문하여 분석해 보세요. 몸소 체감하고 경험하는 것에서만 찾을 수 있는 것들이 분명히 있습니다. 다녀와서 느낀 점은 반드시 사진과 글 다양하게 남겨두세요.

3) 정답은 없습니다. 하지만 열린 마음으로 읽어주세요 : 긍정적이고 건강한 마음으로 읽어주세요. 본인이 추구하는 사고와 가치관과 맞는 것, 맞지 않는 것은 분명히 나뉘겠지만 '이건 이래서 잘 됐을 거야' '이건 유행이 지났을 거야' 같은 스스로를 가둬두는 사고에서 벗어나는 것부터가 시작입니다.

본인의 것을 구축하는 것에 적용시킬 수 있는 타인의 경험담이라고 생각해 주세요. 레퍼런스 할 경험담 이라고 설정해두면 좋을 것 같습니다. 무조건적인 모방과 카피가 아닌, 본인의 것을 조금 더 윤택하고, 건설적인 작용을 할 수 있도록 쓰인 글들입니다. 누군가가 아무리 대박을 쳤던 이야기를 모두 내어준다 하더라도 결국 본인의 것이 없는 상태라면 쉽지 않습니다. 이 점을 항상 기억하며 읽어주세요.

목차

1. 스물다섯 2020년의 첫 창업이야기

[나는 연습생이었다]
[서울로 올라간 후 10년 만에 고향으로 내려오게 된 이유]
[초보사장이 오픈을 위해 구성했던 것]
[타성에 휘둘리지 않는 법]
[하고 싶은 일과 해야 하는 일에 대하여]
[첫 창업이 망하지 않은 이유, 내가 잘할 수 있는 것으로 장사하기]

2. 10평짜리 공간에서 해낼 수 있는 모든 것에 대하여

[오픈 준비와 동시에 찾아온 코로나 기승 시대]
["어쩌자고 이런 곳에 카페를 열어요?"]
[사장으로서 가져야하는 면모에 대하여]
[사업을 위해 활용할 수 있는 모든 것을 찾아야 한다.]
[카페 사장이 어떻게 주4일 출근히냐구요?]

3. 마케팅 브랜딩 전략

[사업가의 관점으로 살아가기]
[상호를 결정짓는다는 것]
[왜 여기여야 하는가]

4. 관찰과 통찰의 필요성

[소비패턴을 분석하자]
[어떤 아이템을 가지고, 어디에서, 어떠한 컨셉으로 장사할 것인가]
[동네상권에서 동네장사 보다 다른 방안으로 수익을 내는 이유]
[장사를 하면서 깨달은 몇 가지 법칙]

5. 최고 보단 최선을

[다음으로 나아가야 하는 상황에서]
[가슴이 뛰는 일을 한다는 것]
[오픈 초기 1년을 제외하고 적자가 나지 않을 수 있었던 이유에 대하여]
[장사가 잘 되고 싶다면 기억할 것들]
[가장 중요한 본질을 놓치지 말 것]
[사람들이 나를 선택한 이유는 무엇일까]
[포기하는 것을 실패가 아닌, 방향 전환으로 생각할 줄 아는 용기]
*special recipe 02 cookies

1. 스물다섯 2020년의
첫 창업이야기

: 각박했던 나의 삶에서 유일하게 내가 행복해하고 좋아하던
시간이 있었다. 온전히 나 자신에게 위로가 되던 순간,
커피 한 잔에 사색에 잠기는 것. 그리고 막연하지만 언젠가
카페를 차리겠다는 꿈을 달콤하게 꾸는 일이었다.
그 꿈을 꾸기만 하는 것이 아닌 현실로 실현 시키기 위한
도전이 시작된다.

나는 연습생이었다

나의 어릴 적 꿈은 춤추고 노래하는 멋진 가수였다. 그런 가수가 되기 위해선 오디션도 봐야 하고, 춤도 배워야 하고, 다양한 기회가 있어야 했는데 내가 태어난 울산은 당시에만 해도 댄스 학원조차 몇 개 없었다. 정말 가수가 되고 싶었던 나는 좀 더 열린 세상으로 나아가고자 서울로 올라갈 계획을 세웠다. 당시 내 나이 16살, 어렸을 때부터 합창단 활동, 댄스대회, 영화제 활동 등 해당 분야에서의 경험치가 많았고, 그 경험이 더욱 나를 더 큰 세상으로 가고 싶다는 꿈을 자연스레 꾸게 했다. 나는 가수라는 꿈이 생긴 이후 네이버 지식인과 같은 곳에 질문을 올리며 가수가 될 방법을 모색했다. 원초적인 방법이겠지만 지금 생각해보면 맨땅에 헤딩하는 것을 두려워하지 않는 것이 나를 여기까지 오게 한 것이 아닐까 싶다. 나는 수차례 오디션을 보던 중 삶의 큰 터닝 포인트인 기회가 생겼는데 그것은 바로 서울로 전학을 가는 것이었다. 어린 나이었지만 나에겐 부모님 만큼의 보호자가 되어준 친언니가 해당 업계에서 일을 하고 있었기에 비교적 수월하게 서울로 올라가는 것에 허락을 받을 수 있었다.

친구와 가족 그리고 내 모든 추억이 있는 울산과의 이별. 그럼에도 서울로 올라갈 때는 아무것도 무서운 게 없었다.

나에게 큰 꿈이 있었고, 그 꿈을 이뤄낼 자신이 있었으니 말이다. 그 후 상황을 전부 나열할 수 없지만 부모님의 곁에서 가족의 품에서 자아를 성찰해가고 나 자신을 탐색해가며 꿈에 대한 더 넓은 상상을 펼쳐 보기도 전인 어린 나이에 서울로 올라간 결정은 나에게 있어 조금은 아쉬운 결정으로 남아있다. 평가가 삶인 게 일상이 되고, 1등과 꼴등 중 꼴등이 데뷔를 할 수도 있는 상황들과 너무 어린 나이에 무엇이 내 삶인지도 잊게 하리만큼 나라는 존재와 주체보다는 연습생이라는 타이틀이 주체가 되는 삶을 살았어야 하는 것은 결과에만 연연하게 하고, 온전한 나 자신보다 무엇이 되어야만 하는 나를 만들게했다. 물론 후회하냐 묻는다면 그것은 절대 아니다. 시간이 아무리 지나도 말이다. 나는 그 도전으로 인해 아무나 경험하지 못 할 소중한 경험을 쌓을 수 있었고, 그 경험치가 나를 누구보다 강하게 만들었다고 생각한다.

하지만 현실적으로 접근 하자면 남들이 이제 막 대학 졸업과 동시에 사회로 첫 발을 내딛는 20대 초반에 나는 마치 삶이 전부 끝난 것만 같은 패배감을 맛 보았다. 그리고 현실적으론 오고 갈 곳도 없는 백수가 되었다.

앞서 말한바와 같이 그럼에도 불구하고 내가 좌절하지 않을 수 있었던 것은 분명하게 내 힘으로 일어설 줄 아는 방법을 터득했다는 것과 결과 만큼이나 과정 또한 중요하다는 것을 배울 수 있었다는 것이었다. 그 두 가지로 인해 내가 지금 하고있는 내가 가장 사랑하는 일들을 건강하고 생산적이게 행할 수 있게 된 것은 나에게 어마어마한 결과이자 과정이었다.

아이돌 연습생에서 디저트 카페 대표가 되며 가장 행복하고 가치를 느낀 것은 성실하고 열심히 하면 그것이 곧 눈에 보이는 값으로 보인다는 것. 남들보다 내가 가지고 있는 나만의 강점을 잘만 살리면 보상을 받고, 보장이 되어주는 정직한 사실이었다.

전혀 내공이 없는 세상에 발을 딛는 것이 걱정은 됐지만 이제부터 그려나갈 모든 것이 어떤 결과값을 내어줄지 모르는 것이니 반대로 기대가 되었던 그 때를 잊지 못한다. 막역하게 나의 데뷔를 상상하고 꿈꾸는 것이 전부였던 어딘가에 갇힌 소녀는 이제 문을 열고 세상으로 나와 내가 주체가 되는 삶을 가꿀 줄 아는 어른이 되어가고 있다.

따라서 나는 무언가 도전하기에 앞서 두려움과 걱정이 앞서 아무것도 행하지 못 하고 있는 사람들이 있다면 이렇게 생각을 바꿔보면 어떻냐고 제안하고 싶다.

세상을 어떻게 어떤 사람으로 어떤 일을 하며 살아갈지 처음 꿈 꾸었던 그 순간을 기억하는가? 분명히 내가 주체가 되는 삶이었을 것이다. 바뀐건 숫자에 불과한 나이 뿐이다. 부딪혀봐라. 성공과 실패로 세상을 나누지 말고 나 자신이 하고자 했던 일에 대해 도전해본다는 그 사실 하나만을 기억해라.
그럼 어떤 일도 안 해볼, 못 해볼 이유가 없어진다.

최선과 성공이 늘 비례하진 못 하지만 최선을 다한 순간들이 모여 언젠가는 날 도와주는 것은 분명하다. 움직여보자.

빼곡히 모인 최선의 순간들이 나를 완전하게 만들어 돕는 일이 생길 테니 말이다.

서울로 올라간 후 10년 만에
고향으로 내려오게된 이유

2020년은 나에게 여러 의미가 깃든 해였다. 울산에서 서울로 꿈을 찾아올라 온 10년이 되던 해, 10년 만에 고향으로 돌아가게 된 해, 그리고 카페 사장이라는 꿈을 실현시킬 수 있게 된 해였기 때문이다. 물론 코로나라는 큰 산과 맨땅에 헤딩하는 상황에 대한 큰 두려움을 어깨에 짊어져야만 했어도 괜찮았던 모든 최악의 상황에서도 그럼에도 불구하고 나는 이걸 잘 할 수 있을 것만 같았던 그해 이야기.

서울에서의 내 생활은 내 기억보다 더 많이 괴로웠던 것 같다. 월세와 교통비, 핸드폰비, 생활비를 내기에 급급한 나머지 어떻게 살아가기보단 어떻게든 살아내야 한다는 마음으로 하루하루를 버텼다. 하지만 그 괴로운 현실을 벗어나고자 시작한 카페 아르바이트 덕에 지금껏 내가 살아온 삶과는 완전히 다른 삶을 꿈꾸게 되었으니 그 마저도 감사한 일이겠다. 나는 다양한 사람들의 삶을 체험하며 새롭게 살아난 느낌을 받고, 내가 향할 곳이 있고, 날 필요로 하는 곳이 있음에 설레이는 영향을 받게 되었다.

이른 시간 카페 문을 열고, 커피를 내리고, 하나 둘 얼굴이 익어가는 손님들과 나누는 소소한 이야기들에 에너지를 얻기 시작했다. 내가 좋아하는 커피와 내가 좋아하는 공간인 카페, 그 속에서 내가 더 알차게 살 수 있는 방법을 찾던 중 나는 나만의 이야기를 담은 책 한 권을 내고 싶다던 버킷리스트를 실행해 보게 되는데 안정적인 환경요소에서 뭐라도 도전해 보고 싶은 용기가 샘솟았던 것 같다. 이마저도 맨땅에 헤딩이었지만 아랑곳 않고 네이버에 그저 '나만의 책 만들기' '개인 책 출간하기' 등과 같은 원초적인 접근 방식으로 책을 출간할 방법을 모색했다. 결론적으로 지금까지 총 세 권의 책을 출간하고 베스트 셀러 작가도 될 수 있었다. 글을 쓰면서 위로를 받았고, 내 글을 읽고 누군가가 위로를 받는다는 사실이 마치 내가 대단한 사람이 된 것만 같은 황홀한 가치를 선물해 줬다. 그렇게 버킷리스트를 이루고 나니 나만의 카페 차리기 라는 꿈 또한 이룰 수 있지 않을까 하는 계기를 심어주게 된다. 사실 나도 뭐든 다 잘 해낼 수 있는 사람일지도 모른다는 희망이 생겼기 때문이다.

그리고 책을 내면서 우연한 기회가 생기게 되었다. 이게 분명한 계기가 되는데 지금 인하트가 있는 곳이자 나의 고향인 울산에 처음으로 독립 서점 겸 북카페가 생겼는데 나의 책을 입고하고 싶었던 사장님께서 큰 제안을 하나 주셨기 때문이다. 이제 막 북카페를 운영하시던 사장님께서 독립서점의 형태나 서울의 북카페 등 해당 분야에 대해 잘 알고 있을 테니 해당 공간을 맡아서 직접 운영을 해보면 어떻겠냐고 제안을 주셨던 것이다.

너무 감사한 제안이었지만 매달 내야 하는 40만 원 가까운 공과금조차 내게 버거웠던 그때, 나에게 카페를 운영할 자금이 어디 있었겠냐만 모든게 타이밍이란 말이 있듯 하나씩 나의 꿈을 이뤄나가던 나에겐 무한한 확신이 들게 되었다. 그리고 무모하지만 설레이는 도전을 결심하게 된다.

"나 이거 왠지 내 기회인 것 같아 잘 할 수 있을 것 같아. 울산 내려갈래"

정말 딱 10년 만이었다.

처음 15살에 서울로 올라가던 그때의 내 꿈을 미처 실현시키지 못 했다는 사실이, 마치 나를 너무나 작은 사람을 되게 했기에 쉽사리 그립고 돌아가고 싶었어도 절대 결코 마음먹지 못 했던 그 결정을 비로소 할 수 있게 된 것이다.

더 나아가서는 앞으로 삶을 살아가는 것에 있어 나는 오랜 꿈을 포기한 것이 아니라 새로운 꿈을 꾸기 시작하며 방향을 전환했다고 생각할 수 있는 가치관이 생겼다. 나 자신의 마음과 가치관을 올곧게 형성한 뒤 나는 곧장 미친 듯이 카페 운영에 관한 데이터들을 취합하기 시작했고다. 그간 서울에서 지내며 맛있게 먹었던 디저트샵을 찾아가 클래스를 직접 부탁 드리기도 하고, 좋아하던 개인카페를 추려 그 공간의 특색과 그 공간만의 가치를 공부해가며 울산으로 내려가 나만의 카페 차리기 라는 꿈을 꿈이 아닌 현실로 실현시킬 준비를 해나갔다.
"나 왠지 정말 잘 할 수 있을 것 같아!"

타성에 휘둘리지 않는 법

앞서 말한 바와 같이 오래 하던 일을 멈추고 울산으로 내려가 카페를 창업하겠다고 했을 때 나를 첫 번째로 힘들게 했던 것이 바로 주변인들의 걱정을 빙자한 막역한 걱정과 조언, 충고들이었다. 물론 가족들까지도.

분명 망할 것이라고 분명히 후회할 것이라고 말하던 그 말들과는 달리 내가 이뤄낸 경험치의 값은 아래와 같다.

- [일 쿠키 1000개 파는 작은 쿠키 집의 기적 스토리] 출간
- 인하트 쿠키 02호점 오픈
- 자영업자 100만 커뮤니티 인기 칼럼 작가
- 20대 청년 창업가 대표 강연
- 베이킹 클래스 스튜디오 오픈
- 창업 관련 컨설팅 브랜딩 클래스

쉽게 말하자면 20대 흔한 미취업 고졸 청년에서 누군가를 위해 앞에 나서 강연을 하는 성공한 사례의 인물이 되었고, 월세 낼 돈 아껴가느라 투자라는 것에 미비하던 내가 100만원 200만원을 투자하는 것에 가치를 느낄 줄 아는 사람이 되었고, 매일 꿈만 꾸던 사람에서 누군가가 나를 보며 롤모델이다 하는 말을 듣는 사람이 되었다는 사실.

이제와 돌이켜보면 나는 왜 나의 결정에 관해 나 자신이 아닌 타인의 생각에 그렇게 휘둘렸는가 후회스럽지만 당시의 나는 그러했다. 장사를 하겠다고 했을 때 멀쩡히 한 일을 오래 해놓고 왜 아예 다른 직종을 선택하려고 하냐 또는 코로나 시기에 어쩌려고 무모한 도전을 하냐는 등 다양한 형태의 목적의 조언과 충고가 난무했던건 뭐 어쩌면 당연한 거였을지도 모르겠다.
아 물론 진정 걱정되는 마음들도 있었을테지만 내가 여기서 말하고자 하는 것은 나 자신이 중심을 잡아야 한다는 것.

결과가 보장되지 못 하는 일에 뛰어드는 사람 치곤 타인들의 걱정과 조언에 크게 휘둘리지 않을 수 있는 사람 얼마나 되겠냐만 난 그러지 않아도 된다고 말하고싶다. 물론 그들의 말 한마디에 하루 종일을 생각하고 고민하게 되며, 잘 되지 못 한 그 상황에 사로잡혀 과연 내가 정말 잘 할 수 있을까 나 역시 생각했었다. 하지만 그들의 의견이 필요한 순간은 모든 세팅이 끝나고 소비자들 즉 고객들의 피드백이 필요한 순간. 딱 그 순간뿐이라는걸 알게됐다.

접근을 달리해보자면 나의 주변이 곧 모든 소비자들의 무조건적인 입장이라고 대변할 수 있는가?
그것이 정답인 입장이라고 누가 자신할 수 있는가?

나만 보아도 알 수 있듯 2019년 코로나가 세상을 지배했고, 모아둔 돈이라곤 그저 보증금 정도 할당할 수준이었고, 창업에 대한 기본 지식조차 없는 상태였다. 맨땅에 헤딩한다는 말의 표본이었으니 말이다.

그러나 그럼에도 불구하고 나에겐 확신이 있었다. 그렇다면 내가 가져야할 결정에 대한 권한을 타인의 의견에 휘둘릴 필요가 없으며 그저 결정에 의한 더 나은 방향을 찾는 것에 그들의 의견을 필요로만 하면 된다고 판단하였다.

나에게 정말 생산적인 생각을 할 수 있게 해준 다양한 조언이 있었고, 난 그 조언에서 내가 스스로 검열해 보아야 했던 것들을 객관적으로 돌아 볼 수 있었다. 그 후 결정은 온전히 나의 몫이라고 정리했다.
자 그럼 같이 고민해보자.

1. 지금 도전했다가 실패해도 충분히 다시 일어설 수 있는 나이다. 그러나 일어서는게 쉽지 않을 수도 있다. 그럼에도 이겨낼 자신 있는가.
2. 코로나 시기에 카페 레드오션 상황에 반드시 생존해낼 돌파구 루트를 잘 건설해놓을 수 있는 사업 아이템인가.
3. 결과가 눈으로 증명되었을 때 설령 좋지 않은 결과물이 나오더라도 후회하지 않을 자신 있는가.

나는 해당 질문을 통해 결정을 내리고, 그 결정에 대한 책임은 온전히 나의 몫이니 그 결정 또한 온전히 나의 몫으로 내리기로 마음을 먹었었다.

관심과 간섭
건설적인 대화와 도태되는 대화
조언과 비난

본인의 이름을 걸고 하는 브랜드를 지켜내야 하는 대표로서 위 내용을 현명하게 구분할 줄만 안다면 충분하다. 타성에 의해 휘둘리지 말고 내가 주체가 되는 순간들을 모아 완전한 '나'를 가꾸는 것 부터가 '나의 브랜드'의 첫 시작이라고 생각한다.

하고 싶은 일과
해야 하는 일에 대하여

나의 10대 그리고 20대는 전부 하고 싶은 일과 해야 하는 일에 대해 항상 고민하는 삶이었다. 둘 중 하나를 결정해야만 하는 사회적 프레임에 각인당해 나 역시도 하나 둘 나이가 더해갈수록 어쩌면 내가 하고 싶은 일을 꿈이라 칭하고, 해야 하는 일을 직업이라 칭하는 건 아닐까 하는 원망 섞인 생각을 하곤 했다.

언젠가 하루는 멍하니 카페에 앉아서 내가 하고 싶은 일을 쭉 나열해 본 적이 있었다. 그리고 내가 잘하는 것도 뒤이어 나열했고, 그 후론 현실적으로 내가 해야 하는 일이자 할 수 있는 일로 분류되는 것들을 함께 나열했다. 비슷한 듯 현저히 다른 리스트들을 바라보면서 깨달은 것이 하나 있었다.

20대 후반으로 들어서며 가장 큰 변화는 서서히 현실을 살아가기 위해 어느 정도 욕심을 내려놓는 것도, 일정 부분 포기하는 법도, 객관적으로 나를 바라볼 줄 아는 시선도 자연스레 배우게 된다는 것이다.

그리고 그 모든 것들이 마냥 슬프고 부정적인 것들이 아니라는 것도 알게 되었다. 그래서 나는 세상과 나 사이에서 원만한 협의를 하기로 했다.

하고 싶은 것과 해야 하는 것
하고 싶은 것과 내가 잘 하는 것
낭만이 되는 것과 돈이 되는 것

그 사이의 것들을 추려내고, 추려낸 것들 사이로 현실적으로 실현 가능한 것들을 찾아내고, 찾아낸 것들 중 자연스레 결합되는 부분을 모으고 모았다.
현실에 타협하는 것은 너무 서럽고, 세상을 핑계 삼아 이 정도밖에 안 되는 나 자신을 원망할 것 같았다. 그러나 나는 다양한 경험과 시간 그리고 결정들을 거치며 그저 부푼 꿈만을 꾸며 살아가도 되던 아이였던 '나' 그리고 이젠 나 자신을 책임지고 살아가야 하는 어른이 되어가는 '나' 사이에서 타협을 한다고 생각이 바뀌었다. 세상과 내가 아닌 그저 나와 나 사이에서 이뤄내는 원만한 협의를 하기로 말이다.

그 생각을 온몸과 마음으로 체감하기 시작하니 모든 것이 수월해졌다. 포기라는 단어 보다 타협, 실패라는 단어 보다 경험, 결과보다는 과정에, 남들의 시선보다는 나의 마음을.

하나씩 차근히 본인의 사고와 가치관을 구축해가며 사회로부터 정해진 프레임 안에서 살아가기 보다, 내가 자체적으로 생성해낸 신념 안에서 살아가기.

장사, 자영업, 성공, 그 무엇보다 중요한 것은 나 자신이 어떻게 살아낼지 기대되는 나의 삶이라는 것. 어쩌면 해당 내용이 가장 0순위 아닐까.

초보사장이 오픈을 위해 구성했던 것

카페 사장으로서의 삶은 결코 평탄하지만은 않았다. 물론 처음엔 마냥 설레었고, 자신만만했으나 현실을 체감할수록 고민투성이였다. 울산에서 카페를 차려야겠다고 마음먹은 순간부터 단 한순간도 생각을 멈출 수 없었다.

눈을 뜬 순간부터 눈 감기 전까지 온전히 카페에 관한 모든 생각들을 풀가동하기 시작했으니 말이다. 나의 예상보다도 훨씬 개인 업장을 오픈하는 일은 본인 스스로 해내야만 하는 것들과 책임지고 결정해야 하는 것들 투성이었다. 그 사실이 시작도 전부터 내 이름 세 글자와 나 자신을 걸고 도전하는 일이라는 부담감으로 다가왔으며 그 또한 내가 넘어야 할 산이었다.

애석하게도 서울에서 울산으로 카페 인하트를 창업하겠다 결심하고 내려오는 과정을 지켜본 일부는 베이킹 전공도 아니고, 바리스타 자격증도 하나 없는 내가 너무나 자신 있게 확신을 가지고 내려가는 이 사실을 조금 좋지 않게 바라보기도 했었다.

더불어 너무나 쉽게 창업을 생각하고, 하고 싶은 대로 다하고 산다며 부정적인 결말을 예측하기도 했던 것도 안다. 그렇기에 더더욱 나 자신은 다짐하고 또 다짐했다. 무엇을? 이미 10년 넘는 시간 동안 매달려온 나의 첫 번째 꿈이 실패던 포기던 방향 전환이던 나의 노력과 비례하지 못한 결말과 나의 간절함과 대비되는 결말을 놓았기에 이번만큼은 부디 성공적인 결말을 내놓아야 한다는 것을 말이다.

내겐 그 산을 넘어야 하기에 만든 나만의 방법을 만들기 시작했다.
1. 아이덴티티 정체성이 담긴 상호와 브랜딩 스토리
2. 인테리어와 공간에 대한 무드 설립
3. 타 업장과는 다른 시그니처와 메리트를 분명히 할 것

1번은 자료와의 싸움이었다. 자세한 내용은 아래에서 언급하겠지만 오로지 그 카페의 주인인 내가 결정하고 내가 확신이 오는 것을 찾기까지가 굉장히 힘든 시간이 반복되었다.

2번 또한 돈과 레퍼런스만 보내주면 알아서 척척 만들어주시는 인테리어 업자분들 대신, 셀프로 각각의 분야 업자분들은 한 분씩 찾아서 맡겨야 했다. 하지만 모든 단어 하나하나가 외계어를 듣는듯한 생소한 단어들이 대다수였고, 나는 눈치껏 알아 들어가며 업자분들과의 기싸움을 해야만 했다. 나는 돈 10만원이라도 줄여야만 하는 혹독한 상황이었으니 말이다. 그 외 세부적인 페인트 컬러 하나, 간판 글씨체 하나, 인테리어 집기류에 속하는 테이블 의자 등을 전부 리스트업 해야 했다.

또 카페의 대표 핵심인 커피와 디저트 또한 당연히 라인업을 결정하고 메인메뉴, 서브메뉴, 레시피 픽스 등과 홍보 방안과 상권분석, 마케팅 방향성 브랜드 스토리, 브랜딩 작업 등 스스로 온전히 결정지어야 했었다.

3번은 백수로 지낼 때 가장 관심도가 생겼던 유튜브 활용하기 였다. 카페를 준비하는 과정에서 생성한 카페 브이로그 채널이 많은 예비 창업자 분들에게 관심을 받았고 덕분에 오픈 후 온라인 주문으로 택배 수익을 발생할 수 있게 했다.

카페 시장은 오래전부터 레드오션이었다.

그도 그럴 것이 취업난의 시대에 창업이 마치 장벽이 낮고 쉬운 듯 조성이 되고, 유튜브만 검색하면 나오는 금세 카피할 수 있는 레시피들, 타업장의 아이덴티티를 가져오는 것이 너무나 쉬워졌기 때문이었다. 난 해당 사실들을 가장 경계하고 두려워했다. 그래서 나는 작은 휴대폰 하나로 할 수 있는 모든 걸 했다. 가게 상호와 브랜드 슬로건을 잘 나타낼 수 있는 컬러와 공간 분위기, 한창 쿠키가 조금씩 상승세를 타고 있을 시기에 분명히 필요했던 타 쿠키 전문점들과의 차별화, 그 속에서도 작가인 내가 잘 가꿔나갈 수 있는 아이덴티티 그리고 내가 본래 잘하던 게 무엇이었는지, 상권 분석과 해당 도시의 특성과 소비 패턴 등을 전부 서치하고 데이터를 모았다.

그렇게 차츰 노트북에 용량이 부족하리만큼 '카페 인하트 공간분석' '카페 인하트 톤앤매너 컬러칩' '카페 인하트 간판 시안' '카페 인하트 아이덴티티' 등 파일이 쌓여가기 시작했다.

몇 차례의 베이킹 클래스와 그럴듯한 인테리어를 갖춘 1-2년 만에 사라지는 개인 카페가 아니라 내 모든 사활을 걸고 만들어낸 공간 자체가 분명히 나 자신이 되는 확고한 아이덴티티를 갖출 것. 이게 내가 가장 많이 공을 들이고, 인하트가 살아남은 이유라고 확신한다. 초창기 나 역시도 맛있게 쿠키를 만들어 알려주는 클래스를 찾아서 오래 많이 연습하면 그것이 내 것이 될 거라 착각하는 큰 오만에 빠진 적도 있었다.

그래서 지금도 인하트 쿠키로 클래스 한 차례로 창업을 하려고 문의하는 분들을 이해할 수 있다. 다만 클래스 몇 차례와 연습으론 99%의 천운이 따르지 않는 이상 절대 본인의 것이 될 수 없다고 말해주곤 한다.
나는 내 것을 만들기 위해 노력했고, 인하트의 정체성을 찾기 위해 노력했다. 그게 곧 내가 이 글을 통해 가장 전하고 싶은 인하트 쿠키의 비결이자 자랑이다. 인하트를 계획한 그날부터 이 글을 써 내려가는 지금까지도 내겐 단 하나의 물음만이 존재한다.

"인하트가 가장 인하트 다울 수 있는것"

경험에 의해서도, 공부에 의해서도 치열한 카페 시장 싸움에선 차별화된 분명한 정체성이 확실한 방향성을 제시함을 다시 한 번 스스로에게 다짐하며

유난히 뜨거웠던 여름,
2020년의 8월에 나는 그 방향성을 쫓아
카페 인하트의 문을 활짝 열었다.

첫 창업이 망하지 않은 이유,
내가 잘할 수 있는 것으로 장사하기

고향으로 돌아가 카페를 차리겠다고 이야기했을 때 주변에서 많이 한 이야기 "갑자기 카페를?" 이었다. 그도 그럴 것이 베이킹을 전공 하지도, 해당 직무에서 오래 일을 한 케이스는 아니었기 때문이다. 다만 나에겐 갑자기가 아니었다. 어렸을 때부터 내가 위안을 받은 공간, 무언가 많은 것들을 사색할 수 있게 해준 곳이 바로 각 공간만의 감성이 각기 다른 개인 카페 였기에 그 곳에서 카페 차리기 라는 꿈을 꾼 건 아주 아주 오래전이기 때문. 비가 오면 가기 좋은 카페, 말차라떼가 유난히 맛있는 카페, 책 읽기 좋은 카페, 사장님이 좋아서 다시 찾게 되는 카페 등 각기 다른 매력이 다양한 개인 카페는 나를 카페 창업이라는 꿈을 꾸게 한 가장 첫 번째 이유가 된다. 평소에도 친구들이 여행을 가거나 특정지역에 방문할 때에 나에게 "혜주야 나 오늘 여기 갈 건데 갈만한 카페 추천해줘" 라고 할 정도로 카페 정보 컬렉터였다. 서울에서 지낼 때 서울에서도 그랬지만, 내가 자주 여행하거나 연이 있어 고향만큼 자주 방문하는 곳들까지 영역을 확장하다 보니 거의 전국적으로 카페 정보들을 모으고 포스팅 하게 되었다. 그렇게 하나 둘 모여가는 정보들과 사진들을 기록하고 정리하며 나는 내가 좋아하는 일과 내가 잘하는 일을 어쩌면 결합시켜낼 수 있지 않을까 하는 생각을 할 수 있었고 자연스레 인하트를 열고난 이후로는 평소 즐겨보던 브이로그나 블로그 등을 통해 인하트와 협업할 수 있는 방면을 찾아야 겠다고 마음 먹었다. 아마 내가 카페를 창업하지 않았더라면 그때의 정보들을 모아 카페 인플루언서가 되어 있지 않았을까 싶을 만큼이었기 때문에 이처럼 내가 가장 잘하고, 행복해하고, 관심이 있었던 부분이었으니 브이로그도 블로그도 해볼 수 있을 것 같았다.
당시 그저 그런 나의 일상 브이로그를 유튜브에 하나씩 올리기 시작했던 무렵이었고, 더불어 나 역시도 창업과 카페에 관련된 정보를 얻고, 배우기 위해 카페 브이로그 혹은 창업 브이로그를 미친 듯이 보기 시작했었는데 그러다 보니 자연스레 내가 카페를 준비하고 배워나가는 이 과정도 브이로그로 담아볼 수 있겠다는 생각이 들었다.

나는 모델 일을 했던 경험이 있어서 인스타그램과 sns로 하는 것들엔 자신이 있었고, 소셜 커뮤니티를 다루는 센스가 조금은 있다고 생각했다. 흥미가 있고 어렵지 않고 관심이 많았기 때문일까.

그래서 창업 후 사람들이 궁금해할 만한 요소들을 파악하고 분석해서 유튜브에 그저그런 일상이 아닌 주제를 만들어 [23살 예비 사장 맨땅에 헤딩하는 리얼 창업 현실 브이로그] 같은 콘텐츠들을 하나 둘 업로드하기 시작했고, 코로나로 인해 유튜브를 보는 시청 시간이 현저히 늘어난 그 시기에 나의 브이로그는 알고리즘을 타 전국으로 송출되기 시작했다.
덕분에 온라인 사업을 조금 수월히 시작할 수 있었고, 답례품이라는 영역에서는 울산을 제외하고도 전국적으로 주문을 받을 수 있게 자연스레 홍보가 되었다. 이처럼 나는 내가 잘 할 수 있었던 부분을 활용해 인하트를 이끌어 가고있다.

내가 잘 할 수 있는 것을 잘 찾아내는 것 또한
요즘 시대에서 가장 중요한 부분이 아닐까.

위 내용과 같이 본인이 잘 하는 부분으로 마케팅을 해나가고, 본인의 강점인 부분을 브랜드에 녹여내면 비로소 금상 첨화라고 생각한다. 글을 잘 쓴다면 브랜드 스토리텔링에 특화되어 있을 테고, 그림을 잘 그린다면 나의 브랜드에 관련된 굿즈 상품을 잘 만들 수 있을 것이고, 평소 블로그를 쓰던 사람이라면 블로그로 브랜드 포스팅을 해나가며 마케팅을 해볼 수도 있는 법. 이토록 나만이 가지고 있는 강점을 잘 파악하여 홍보방법을 구축한 것이 나 또한 내가 인하트로서 살아남을 수 있는 방법이었다.

2. 10평짜리 공간에서 해낼 수 있는 모든 것에 대하여

: 코로나가 기승이던 그해, 오픈과 동시에 맞물린 시련들을
헤쳐 나갈 수 있었던
인하트 쿠키의 정체성과 차별화에 대하여.

오픈 준비와 동시에 찾아온
코로나 기승 시대

2020년도만 해도 코로나에 확진이 되는 순간 신상과 동선 모든 개인정보가 노출이 되는 것은 물론이며 모두의 적이 되는 거 같은 분위기가 조성이 되어 있었다. 코로나가 한창 유행이던 시기에 서울에 있었던 나는, 그래도 울산은 보다 나은 상황이라고 판단했다. 그러나 그것도 잠시, 울산을 내려오기로 하자마자 울산에서도 급속도로 코로나가 터져 나오기 시작했다. 더불어 인하트 자리를 결정 후 공사 및 인테리어를 진행하는 도중엔 해당 동네에서도 확진자가 나오기 시작했는데 안그래도 어르신들이 주 거주층인 이 동네에 더욱이 사람은 보이지 않기 시작했다. 한여름과 장마 그리고 코로나가 모두 함께온 시기, 카페 인하트는 그럼에도 가오픈 시기에 점점 가까워지고 있었고, 나에겐 확실한 대책이 필요했다. 사실 처음 내게 카페 사업을 제안했던 그분과 좋지 않게 일이 어긋나가며 정말 큰 혼란에 빠져있었던 상황에 놓인 현실적인 조건으로 모든 것들을 다시 새롭게 세팅을 해야 했는데 넉넉하지 않은 내 조건에 그 분이 제시한 월세만 330만원 상권에서 첫 창업을 했더라면?
난 처참한 결말을 맛봤을 것이다.

그렇게 어렵게 돌고 돌아 만난 현재의 이 자리. 처음 이 공간에서 공사와 인테리어가 시작될 때 제일 많이 들은 이야기가 "어쩌자고 이 시기에 이 동네에서 창업 할 생각을.." 또는 "쿠키.. 집이요? 쿠키가 뭔데요" 딱 두 가지였다. 그도 그럴 것이 우리가 인수하기 전까지 이 카페에서 가장 잘나가는 메뉴는 미숫가루와 옛날 다방커피 두 가지였다고 한다. 저가의 두 가지 메뉴를 주력으로 밀던 이 공간에서 3천원대의 쿠키를 판다고 생각하면 아찔한 도전이었던걸 인정한다. 그럼에도 감행을 할 수 있었던 나의 확신에는 다부지고, 밀도 있는 계획들과 자료조사가 큰 이바지를 했다. 주 소비자층이 아니라고 해도 어른들들에게 해당 공간에 대한 이해를 시켜드릴 수 있는 방법 찾기와 사람들이 이곳을 방문할 수밖에 없는 후킹 문구 만들기.

아래 세 가지가 가장 큰 전략이었다고 할 수 있다.

첫 번째, 쿠키라고 하면 그게 빵이냐 과자냐를 되물어보는 이 동네에 맞는 맞춤 설명 진행하기.

"빵처럼 촉촉하고, 과자처럼 달콤한 디저트예요. 다만 마냥 달기만 한 디저트가 아니라 남녀노소 아이들부터 어르신들까지 모두 즐기실 수 있도록 적정한 당도와 좋은 재료, 무엇보다 쿠키 고유의 맛을 구현하는 것에 초점을 뒀어요" 라는 스토리텔링을 포스터로 만들어 출입구와 사이드 벽면에 모두 부착했고, 모든 홍보 매체에서도 계속해서 강조하고 반복적으로 어필을 했다.

그리고 두 번째, [글 쓰는 작가가 정성을 담아 구워내는 인하트 쿠키]라는 후킹문구를 만들어 호기심이 가게끔 홍보하기 시작했다. 덕분에 지역 방송국과 청년창업 관련 단체에서 다양한 협업과 취재를 희망했고 절로 홍보가 되어주었다.

마지막 세 번째, 코로나라는 시국이 내게 준 찬스 바로 결혼식 답례품이었다. 전문적인 디저트와 선물하기 좋은 디저트 박스를 배달의민족으로 손쉽게 받아볼 수 있다는 메리트를 녹여낸 것이 딜리버리 서비스와 답례품 항목이었다.

코로나로 인해 결혼식이 취소 또는 연기가 되면서도 강행을 하던 식들은 뷔페나 식사문화 대신 답례품 문화가 발달하게 되었고, 그만큼 퀄리티가 높고 고급진 무언가를 찾고 있음을 인지한 이후로 인하트 쿠키 답례품을 강력하게 홍보했다.

그 답례품 부분을 쿠키로 뚫고 나니 하나 둘 곳곳에서 답례품 전문 쿠키집이 생겨나기 시작했지만, 흔들리거나 불안해하지 않고 묵묵히 발전해야 할 요소와 더 피드백 받아 다음 스텝으로 움직여야 할 실질적인 피드백이 될 리뷰들과 그럼에도 인하트를 선택해야 하는 이유에 대해 고민하고 투자해 오니 감사하게도 지금까지도 인하트 쿠키 답례품이 인하트를 살리고 있다.

나는 아직도 여름날 비가 쏟아지는 밤이면 가오픈 전날 밤이 가끔 떠오르곤 한다.

그때의 초심과 이게 아니면 안 되었던 간절함을 상기 시키며 초심을 다잡는다. 각대봉투 한 장에 내가 누구이며, 왜 울산에 왔는지, 여긴 어떠한 공간이 될 것 인지를 빼곡하게 적어 문 앞에 붙여두고 퇴근하던 그날 밤을 떠올리며 말이다.

고향에 돌아온 나에겐 어떠한 일도 함께해 줄 친구들이 있었고, 누군가의 일에 물불 안 가리고 모든 걸 내어준 감사함과 나를 믿어준 믿음이 있었고, 어떻게든 이번 도전을 성공적으로 마무리시켜야만 했던 나의 굳은 결심이 담겼던 밤이었다.

가끔 일에 허덕여 힘에 부치고 하는 날이면 그 때 문 앞에 붙여둔 그 각대봉투를 꺼내보곤 한다. 초심을 잊지 않기 위해서, 내가 이 공간을 어떻게 만들었는지 잊지 않기 위해서 말이다.

어쩌자고 이런 곳에 카페를 열어요?

"어쩌자고 이런 곳에 카페를 열어요?"
"이 동네 상권에서 이런 건 살아남기 힘들어요~"
"안 그래도 장사 잘 하던 가게들도 힘든데.."
"아니 젊은 아가씨가 혼자서 뭘 한다고.."

정확히 4년전 인하트 쿠키 상가를 계약하고 들은 이야기였다. 배달 기사 분들의 쉼터 겸 배달 카페로 운영하던 해당 상가는 모든 게 검은색으로 도배가 되어 있던 어두운 공간이었다. 모든 기사님들이 그러시지 않지만 매장 앞에서 흡연과 고성방가로 해당 동네 주민분들의 불만과 불편이 많았고, 어르신들이 많이 계시는 동네에서는 해당 카페가 그리 달갑지 않은 곳이었다는 걸 알 수 있었다. 그 점이 걱정이 안 된 건 사실 아니지만 반대로 접근했을 때 분명 주민들의 환심을 살 수도 있지 않을까 하는 자신감이 있었다. 그래서 가장 먼저 한 일이 온통 검은색으로 덮여있던 공간을 환하고 밝게 변화를 준 것이었다. 그리고 기사님들이 뒷문으로 다니시며 이용하던 화장실을 폐쇄하였고 학교 앞이라는 것도 강조하여 매장 앞 흡연금지를 부착해두었다.

물론 배달 기사님들 전용 공간이 없어져 그분들에겐 내가 적이 될진 몰라도 나의 소비 타깃층은 그분들이 아니었으니 과감한 결정이 필요했다고 생각한다. 큰 변화를 둔 후 더 세심한 변화들을 찾아 모색했다.

우선적으로 인정하고 갈 건 인정하고 가자는 마인드를 장착했다. 단점과 장점을 철저히 분리 시켜서 단점은 강점이 될 수 있도록 장점은 보다 더 다채롭게 활용할 수 있도록 말이다.

[단점]
- 해당 동네 주 연령층은 40-60대 어르신들이고 내가 판매하고자 하는 아이템은 주 소비자층이 20대라는 점
- 배달 상권이라는 인식이 강한 동네라 워크인 손님 혹은 유동 인구가 적다는 점
- 기존 공간에 대한 반감이 이미 형성되어 있는 위치라는 점

[장점]
- 어느 지역으로든 퀵 또는 배달 나가기 용이한 위치로 접근성이 아주 좋다는 점
- 주변에 관공서 회사 대기업이 많아 단체 주문 단체 간식의 수요가 있다는 점
- 원룸 혹은 오피스텔 등이 아예 없진 않기에 20대 30대 잠재된 고객층이 있다는 점

우선 나는 몇 가지 노력을 필사적으로 시행하기 시작했다.

1) 관공서 및 회사에 단체 간식과 답례품 홍보를 적극적으로 할 것 : 배달의민족으로 해당 위치에 우리가 있다는 것을 홍보 답례품 단체 간식이라는 단어와 함께 매장 바로 앞에 있던 학교를 언급하여 위치에 대해 쉽게 기억을 심어주었다.

2) 혼자서 카페를 이용하여 여유 있는 감성 카페가 생겼다는 점을 알릴 것: 인스타그램 적극 활용해 내부 인테리어 및 감성 소품들 자주 업로드하기

3)우리 매장의 일상을 적극 공유하기
: 유튜브를 자주 업로드하며 해당 상권에 해당 공
 간에서 이러한 일이 일어나고 있다는 것을 '함께'
 공유 하고 공유 받는 듯한 커뮤니케이션의 구조를
 만들었다. 그리고 매장 내외부에는 유튜브 주소와
 큐알코드를 남겨두었다.

그렇게 꾸준히 1년을 운영했을 무렵부터 단체 주문과 답례품 주문이 기존 매출의 5배를 뛰어넘기 시작했고, 유튜브 알고리즘으로 인하여 광고와 협찬 제안 등이 들어오고, 타 지역에서 유튜브 보고 찾아왔다는 분들이 생기고, 동네 어르신분들이 단골손님이 되어주기 시작했다. 해당 결과값으로 내가 배울 수 있었던 것은 애초에 안 되는 건 없었다는 것. 물론 내가 나에게 내가 누군가의 의견 등에 꺾이지만 않는다면 말이다.

사장으로서 가져야하는
면모에 대하여

오픈 후 소위 말하는 오픈빨이라는 것에 우리는 큰 홍보효과를 얻을 수 있었다. 울산에서 유명하다 하는 블로거분이 가오픈 첫날 방문해 주시고 포스팅을 너무 잘 해주셨다는 것과 글 쓰는 어린 작가가 서울에서 울산으로 돌아와 카페를 차렸다는 것에 몇몇 언론사에서 취재를 요청해 왔다. 또 마침 매주 올리던 카페 창업 브이로그가 알고리즘에 타 많은 조회수를 기록했다. 오픈빨은 누구에게나 주어지는 관례 같은 기회라고 생각하지만, 그 기회의 거품이 빠지고 났을 때 그 기세를 이어 꾸준히 상승세를 유지하는 것은 오픈 이전 그 사업장에 얼마나 심혈을 기울였냐가 결과로 증명되는 것이라고 생각한다. 그때의 그 노력이 증명되는 순간, 그 사람의 최선이 눈으로 보이는 순간 말이다.

요즘 유행한다 하는 아이템을 뒤늦게 잘 팔린다는 이유로 창업하는 가게 혹은 트렌드를 쫓은 인테리어로 승부 보는 감성 카페 등 돈이 될 것 같으니 흉내 내듯 카피해 창업을 한다거나 모두가 하고 있는 것, 무조건 된다는 판단하에 따라 하는 것,

이 모든 것을 나쁘다고 정의할 순 없겠지만 나는 분명히 한계가 있다고 생각했다. 무모한 도전으로 전 재산을 날릴 만큼 여유 있지도 않고, 인테리어로 승부를 볼 그만큼의 돈도 없고, 남들이 다 하는 걸 카페 해서 하기엔 그것 말곤 내세울 수 있는 무언가가 하나라도 있어줘야 하는데 그것도 아니었다.

그렇기에 나는 그럼에도 불구하고 내가 가장 잘 할 수 있는 나만이 할 수 있는 것을 찾았던 것이다. 자영업에 발을 담고 가장 많이 나를 위험하게 했던 것 중 하나는 이것이다. 바로 자기합리화적 변명.

날이 좋으면 "날이 좋아서 다 놀러 나갔어~" 날이 안 좋은 날이면 "날이 안 좋아서 그래~" 코로나가 기승일 때는 "코로나 때문에 다 그렇지 뭐" 평일이면 "평일이라 그래~" 주말이면 "주말이라 그래~" 등과 같은 끝없는 합리화적인 변명이라 느껴지는 말들 말이다.

가끔 내가 최선을 다했음에도 그 비례치에 반해 결과물이 좋지 않은 날 중 한 번 정도는 나를 달래는 말로서 위안을 삼을 수도 있지만, 매일매일을 그러한 변명할 명분을 찾아 장사가 안 되는 것에 대한 이유로 합리화를 한다면 과연 발전할 수 있을까.
정말 현실적으로 비가 쏟아지는 날에도 코로나가 기승이던 날에도 장사가 잘 되는 핫플레이스 스팟들은 웨이팅을 하고, 재료 소진으로 조기 마감을 하기까지 한다. 그러한 상황은 그럼 어떻게 설명할 것인가.

안 되는 날에는 그럼에도 불구하고 그 이유를 찾아내야만 한다. 나의 매장을 가장 객관적으로 냉정하게 바라볼 줄 아는 사람은 바로 나 자신이어야 한다. 나의 실수와 나의 오만을 인정할 줄 알아야 하며, 고객들의 피드백을 수용할 줄 알아야 하며, 타 매장의 장점과 강점을 파악해 우리 매장에 접목시키는 노력도 해야 한다. 손님이 없어도 그럼에도 불구하고 휴대폰을 만지작거리고, 넷플릭스를 보고, 일찍 가게를 닫고 매장을 비워버리고, 잠을 자지 말고 멀리서서, 내가 있지 않는 위치에서, 가게 밖에서 가게를 바라보거나, 홀에서 주방을 바라보거나, 홀에서 카운터를 바라보거나 하는 최소한의 노력들이라도 해야 한다. 매일매일 새로운 가게들이 새로이 오픈을 하며, 이와중에도 잘 되는 가게는 잘 되고 있다. 소비자들에게서 잊혀지지 않으려면 그 속에서 우리 가게를 오게끔 하려면 잊혀지지 않고 찾아주기를 바랄 게 아니라, 잊혀지지 않고 오고 싶게 만드는 노력을 가게 주인이 스스로 해야 한다.

바라지 말고, 기다리지 말고, 노력하고 행동하기. 그것이 그럼에도 불구하고 해야 하는 노력의 자세이다.

잘 되는 가게의 좋은 점만 쉽게 카피해갈 것이 아니고 잘 되는 가게의 사장이 가지고 있는 마인드, 태도부터 본인이 더욱 나은 자세를 갖추고 있을 노력부터 해야 한다.

현직 카페 사장이 생각하는 최악의 카페 사장 유형

이런 식당 이런 카페 다시는 안 간다고 생각하는 업장들이 몇 몇 있었다. 그리고 그 이유의 근원은 대부분 그 업장의 사장님들의 태도였다. 카페사장이 생각하는 최악의 사장님은 이렇다.

1. 손님이 있는 앞에서 직원에게 화내는 사장
: 분명한 잘못에 의한 지적이나 충고는 할 수 있지만 손님들이 식사를 하고 그 시간을 보내는 것에까지 불쾌함 불편함을 주는 사장님들은 되려 손님이 눈치보게 되는 그런 아이러니함을 안겨준다. 사장은 내 매장이 나의 공간이 아닌 돈과 시간을 지불하는 손님들을 위한 공간임을 잊지않아야 한다.

2. 직원들 하대 하는 사장
: 명령조와 하대하듯한 태도로 일하는 사람들을 대하는 사장님은 아무리 맛있게 음식을 조리하고 손님들에게 친절하다 하더라도 결국 반감을 사게 된다.

소비자 입장에서 제아무리 음식을 맛있게 먹고 나간다 하더라도 결국 사람을 하대하고 무시하는 사장이 운영하는 곳은 반감이 들고 두 번 가고 싶진 않아진다.

3.피드백 수용 전혀 하지 않는 오만한 사장
: 분명 사장으로서 줏대와 본인의 브랜딩에 대한 프라이드는 있겠지만 100명 중 99명이 무언가 수정을 바라고 개선을 바라면 그 부분에 대해 돌이켜 볼 줄 알아야 하는데 "그럼 다른 카페 가세요" 하는 오만함을 가졌다 한다면 절로 다른 업장으로 발길이 돌아지게 된다.

혹시나 내가 일하느라 바빠서 오로지 '나'의 시야에 갇혀 손님들이 보는 '나' 손님들이 볼 '사장' 손님들이 누릴 '공간'에 대해 소홀하진 않았는지 옳게 관리하고 있었는지 돌이켜 보는 것이 중요하다.

사업을 위해 활용할 수 있는
모든 것을 찾아야 한다.

상권에 대한 아쉬움과 홀을 활용하지 못 한다는 제약에 관한 손님들의 피드백을 보곤 그 아쉬움을 보완할 다른 무언가가 필요하다는 것을 난 알 수 있었다. 사람들이 이 공간이 궁금할 수 있는 여지를 남겨주는 것이 중요했는데 우선 '나' 라는 사람을 활용했어야 했다. 서울에서 글 쓰던 작가가 왜 굳이 울산으로 돌아왔을지, 그렇다면 아직 어린 저 사장이 왜 어렸을 때 서울로 간 건지, 이 카페는 어떻게 창업을 할 생각을 했으며, 왜 하필 쿠키라는 아이템을 선정하게 되었는지 등 말이다. 소비자의 시점에서 궁금할 요소들에 관한 질문들을 스스로 정리하고, 그 점을 어떻게 궁금하게 만들 것인지와 더불어 그 궁금증을 해소시켜줬을 때 나의 팬으로 만들 수 있을 것인가. 그 대목이 가장 큰 중점이었다.

왜 팬이냐고?

요즘은 사업도 자영업도 모두 팬층과 마니아층을 모으는 게 이기는 게임이라고 나는 생각한다.

요즘 유명하다는 런던 베이글 뮤지엄 또는 유튜브에서 카페 브이로그를 운영하다 인플루언서로 전향되는 사장님들만 보아도 알 수 있듯, 사람들은 그 카페와 공간도 궁금하지만 그 공간에 매료가 되면 그 공간의 주인에게까지 애정이 닿는다. 그렇다면 반대로도 적용이 되는 것이지 않을까. 그 주인이 궁금해지면 그 주인이 운영하는 공간에도 관심과 애정이 가기 마련이다. 나 같은 경우 모델 일과 작가로서의 일을 하며 모여있던 팔로워와 팬층을 잘 활용하기 위해 쉽게 접근할 수 있었던 유튜브를 택했었고,
가게 계정과 내 개인 계정을 번갈아가며 나의 일상과 인하트의 일상을 공유하곤 했다. 정말 솔직히 단면으로만 말을 해보자면 이 가게가 아니더라도 마치 뭐가 있는 것 같은 사장과 정말로 이 카페에 사활을 걸어 이거 아니면 안 될 거 같은 사장 중 요즘 소비자들과 사람들은 후자가 아닌 전자를 택한다는 것이다. 그렇기에 유튜브에서도 나는 꼭 인하트의 일상만이 아닌 나의 개인적인 작가로서의 면과 모델로서의 면 그리고 홈 인테리어 일상 라이프 등

다양한 부분을 사람들의 반응을 살펴 가며 분석 후 노출하고, 그 노출로 인해 유입된 관심을 인하트로 결국 닿게끔 만들고 있다. 각자 본인이 내세울 수 있는 본인만이 잘 하는 것을 드러내야 한다. 본인이 카페를 운영하면서도 카페 투어 하는 것이 취미이고, 사진까지 잘 찍으면 자연스레 카페 투어 인스타그램 계정을 운영하며 본인의 매장으로 유입시킬 루트를 찾아보거나, 여행을 좋아하면 여행 정보를 나누면서 곳곳에서 본인의 매장을 어필할 수 있는 잠깐잠깐씩의 매장 일상 브이로그를 "여행 인플루언서의 본업 모습 대방출" 등으로 궁금증을 이끄는 것 말이다. 본인의 사고가 아닌 소비자들의 사고에서 생각하고 관찰하는 것은 정말 중요하다. 언제 어디서 어떤 것으로 터질 줄 모르는 게 세상이기에 계속 끊임없이 발전하고 새로운 것으로 겨루어봐야 한다. 안 될 거라 생각해서 해보지도 않는 것과 될지 안 될진 모르지만 해보는 것은 엄연히 너무나도 다르다.

본인이 잘 하는 것과 사람들이 반응할 것 같은 것들을 나열해 보자.

하나씩 그 리스트들을 풀어갈 루트를 찾아보자. 그게 인스타그램이거나 유튜브거나 블로그거나 상관없다. 소비자들과 닿아있는 그 부분을 잘 찾아보면 된다.

거창하고 대단해 보여 시작조차 두려운 것들 중 대부분은 시작만 어렵지 하다 보면 별거 아니네 하는 것들이 훨씬 더 많다.

내가 잘 하는 것이 무엇인지 해당 내용에 접목시켜볼 요소가 무엇이 있을지 잘 찾아보자.

카페 사장이 어떻게
주4일 출근하냐구요?

4년차 10평짜리 공간에서 1인 쿠키집을 운영하는 사장이 왜 주4일만 출근을 하게 된걸까에 대해 구독자분들이나 인스타그램 팔로워 분들이 질문을 많이들 주시곤 하셨다. 분명히 그 이유에대해 그럴듯 하고 있어보이게 대답할 수 있는 이유들도 많겠지만 나는 과감하게 솔직히 나의 이유를 공개했었다. 바로 한 공간에 묶여있는 것을 못 견디기 때문 이라고 말이다. '카페 사장이 그 정도 각오도 안 하고 창업을 해? '쉽게 돈 버려고 하네' 등 부정적인 의견이 많을 수도 있지만 내가 과감히 결정을 한 것에 대해 나는 그 이유가 정말 전부이다. 카페를 운영하다 보면 아파도 병원 한 번 다녀오는 시간을 내기가 어렵다. 은행 업무 한 번 보고 오려면 며칠전부터 시간을 쪼개고 쪼개 만발의 준비를 해야만한다. 더불어 일상 속 24시간이 공과 사가 구분되지 못 한다. 그게 카페뿐 아니라 모든 자영업자의 삶이고 일상이고 현실이다. 그렇다면 그 현실 속 어떻게 자유롭게 출근하고 퇴근하며 매출 상승세를 이뤄내고 유지하고 있는지에 대해 이야기해 보겠다.

1) 매장 오픈 시간에만 수익을 낼 수 있다는 편견 깨트리기
: 우선 카페를 창업하는 순간 나의 직업은 카페 사장으로만 한정되어야 한다는 것이 늘 마음에 들지 않았다. 뭐랄까 나의 삶이 전부 카페를 위해 바쳐져야 할 것 같은 것이 나의 상상력과 에너지를 단조롭게 만들었고, 그것이 곧 나를 도태되게 만드는 것 같았기 때문이다. 그래서 나는 카페 사장은 나의 많은 도전 중 하나라고 생각하기로 마음먹었다. 물론 그렇다고 최선을 다하지 않거나 될 대로 하는 듯한 안일한 마음은 결단코 아니었다. 내가 할 수 있는 최대치를 최대한의 효율을 낼 수 있는 방법으로 운영하겠다는 것. 그리하여 선택한 방법은 카페에서 커피와 쿠키를 판매해서 벌어들이는 수익 외 카페를 운영하고 있는 덕에 함께 창출할 수 있는 것들을 탐색하는 것이었다. 유튜브로 카페를 운영하는 사장의 일상을 담았고, 블로그를 시작하여 카페 사장의 일상뿐 아니라 구매해서 쓰는 제품 소개 등, 인스타그램으로 내가 잘하는

나의 일상과 좋아하는 것들 정보 공유로 각각의 다른 플랫폼에서 각기 다른 방식으로 수익 창출을 할 수 있는 루트를 구축해두니 저절로 내가 매장에 상주해 있지 않아도 그 외 자동적인 수익이 생겨나기 시작했다.

2) 과감한 판단
: 장사를 하기 위해서는 내가 이 매장에 주 7일 정해진 시간에 출근해 정해진 시간에 퇴근하는 것이 기본이라고 생각했다. 나는 장사 보다 사업이 하고 싶었고 그 덕에 내릴 수 있는 과감한 판단들이 많았다.

디저트 카페지만 온라인이 메인인 쿠키 전문점으로 전환을 시도 했고 또 전국 답례품 가능하다는 문구를 적극적으로 홍보했다. 단체 주문과 답례품 주문이 들어올 때 출근할 수 있는 형태가 되니 그 외 시간을 자유롭게 활용할 수 있었고, 감사하게도 해당 수익이 매일같이 매장에 나와서 상주할 때 벌어 들이는 매출보다 컸다.

3) 홍보는 선택이 아닌 필수
: '인하트 쿠키'의 쿠키에 자부심이 있는 나로선 결국 쿠키가 맛있다는 것이 소비자들에게 중요한 인식이라고 생각했다. 그래야 단체 주문도 답례품도 클래스 예약도 상승하는 것이기 때문이다.
따라서 홍보는 선택이 아닌 필수였다. 또 쿠키 외 나 자신을 홍보하는 것에도 적극적으로 임할 것.

쿠키 -> 단체 주문 | 답례품 | 온라인 판매
매장 -> 베이킹 클래스 | 가맹 | 공간 대여
나   -> 유튜브 | 강연 | 인터뷰 등

이렇게 세부적인 계획을 갖춘 후 과감한 변화와 결정을 내리니 소비자들도 이해를 하고 나의 매뉴얼을 따라주고 존중해주었고 나 또한 내가 하고자 하는 일에 대한 스트레스는 줄이고 효율은 올릴 수 있었다.

3. 마케팅 브랜딩 전략

: 유튜브를 시작했다.

내가 가장 잘 할 수 있으면서 필수적으로 해야 했던 시대에 맞는 홍보방법. 소비자의 니즈와 현시대의 트렌드를 공부해야 한다.

왜 여기여야 하는가

처음 인하트 쿠키가 카페 인하트로 문을 열어 [커피 쿠키 그리고 책 있어요] 동네 개인 카페 감성으로 오픈하여 쿠키 전문점과 답례품 전문점으로 전환한 이유. 상호를 변경해 새로운 브랜드를 론칭한 까닭. 그 모든 과정을 유튜브 브이로그를 통해 컨텐츠화로 기록하고 공유한 이유. 앞서 언급한 것들이 사업을 하며 내가 가장 중요시 여기는 부분이 된다.

소비자들이 나의 매장을 굳이 선택해야 하는 결정적인 이유와 그 이유를 찾기 위해 이행했던 모든 것. 그리고 그 이유들을 대하는 사장의 마인드. 나아가 이 모든 것들이 결합되어 나타내는 시너지와 그 시너지를 활용할 줄 아는 센스 있는 마케팅까지를 이야기해보려 한다.

현재 진행 중인 베이킹 클래스에서도 사람들이 가장 많은 관심을 가져주시는 부분이자 실질적으로 가장 큰 도움을 드릴 수 있는 부분이 위와 같은 내용이다.

[이곳을 선택할 수밖에 없는 이유를 확실하게 갖추어 둘 것] 그리고 끊임없이 [발전할 것] 더불어 나아가서 [안주하지 말 것]

쉽게 이해하기 위해 하나의 가정을 만들어보자.

10분 이내에 맛과 가격 모두 비슷한 쿠키집 세 곳이 있다고 가장해 보자. 나는 무엇으로 승부를 볼 것인가? 나를 소비자라고 칭했을 때 가장 먼저 조사해봤을 것 같은 부분은 아래와 같다.

1. 접근성이 어디가 더 좋은가? 주차, 정류장과의 거리 또는 찾아가기 수월한 위치에 있는 곳 검색.
2. 내가 먹기 위한 즉 나를 위한 단순 소비인가 선물하기 위해 과감히 하는 소비 인가에 따라 세 곳의 포장과 포장 패키지 퀄리티를 확인.
3. 네이버에 특정 상호를 검색하여 방문자 리뷰와 블로그 리뷰를 검색하여 더 좋은 리뷰와 신뢰가 가는 리뷰가 많은 곳 선정.

그렇다면 내가 위 내용을 토대로 조사하고 결정해야 하는 부분은 아래와 같다.

1. 주차가 가능한지 가능하다면 어디에 하는 것이 편한지, 근처 공영 주차장이 있는지. 대중교통을 타고 오시는 분들 위해 간략하게 한 줄로 오는 방법 소개 글 남겨놓기
2. 소비 방향성을 정확하게 구축해둘 것.
a)
정말 맛있는 쿠키로 얼마가 나오더라도 마음껏 구매 하고 싶은 소확행과 같은 소비를 불러 일으킬 것인가 -> 그렇다면 재료와 쿠키를 생산하는 것에 더 많은 투자비용을 할애할 것.

OR

b)
타인을 위한 선물용 답례용으로 소비하는 업장을 만들 것인가 -> 그렇다면 패키지와 포장자재들에 더 많은 투자비용과 시간을 할애하여 손이 많이 가더라도 고급스럽고 정성이 담긴 포장 구성을 구성할 것.

3.내가 어필하고자 하는 우리 가게의 강점과 포인트를 살려 키워드와 리뷰 작업해두기 : 선물하기 좋은 답례 쿠키집 추천, 답례품 전문점으로 고급 포장의 맛있는 쿠키집 추천 #답례품쿠키 #답례추천 *체험단 블로거분들이 오셨을 때 마냥 예쁘게 잘 써주세요 라고 할 것이 아니라 내가 어필하고자 하는 문구들을 미리 작업하여 알려드리는 것 등을 말한다.

위 예시처럼 풀어가고자 하는 문제에 대해 소비자의 관점으로 통찰해 보고, 내가 행할 수 있는 부분을 적극적으로 행하기. 그리고 소비자들의 반응을 살피고 끝없이 발전할 것. 그것이 나의 운영 노하우이자 법칙이다.

사업가의 관점으로 일상을 살 것

사업할 팔자가 있고, 회사에서 안정적인 월급 받을 팔자가 있다고 한다. 사실 그 두 가지의 차이는 '사업할 센스' 가 있느냐 없느냐로 나뉜다고 생각한다. 열정 끈기 노력 성실함은 어떤 일을 해도 공통적으로 필요한 부분이라면 사업가의 센스는 별개이기 때문이다. 그 센스는 아이템 하나를 보면 그 하나를 가지고 본인만의 것으로 열개 스무개를 떠올릴 줄 아는 것. 일상 속에서 밥을 먹거나 카페를 가거나 한다면 그 공간에 대해 파악하고 살펴보는 시점으로 바라보려하는 다양한 것들을 말한다.

그게 타고나지 않았더라면 당연히 노력을 통해 만들 수도 있다. 예를 들면 여행을 갔다고 치자, '나' 라면 해당 지역에서 내가 준비하고자 하는 아이템을 쿠키라 친다면 쿠키로 맛집에 손꼽히는 곳들을 리스트업해서 무조건 다 방문할 것이다. 그리고 그저 방문만 하는 것이 아니라 각 쿠키집 마다의 잘된 이유와 시그니처 메뉴, 차별화된 아이덴티티, 해당 동네 상권, 사람들이 사진을 찍어 인스타그램에 올리는 포토스팟 등 그 업장에서 인상 깊었던 부분 한 가지와 아쉬웠던 점 한 가지 라도 파악해본다는 자세로 방문해야한다. 또한 소비자의 시점에서 내가 해당 가게를 방문했을 때 사진을 찍었던 부분과 왜 그 부분을 남기고 싶었는지 더불어 방문하고 난 이후로 그 가게에 재방문을 하고 싶은지, 하고 싶다면 그 이유는 무엇인지. 또는 단발성에 그쳤는지 꼼꼼히 기록해 둘 것이다.

개인적으로 나는 사업가는 사적인 시간과 공적인 시간이 분리되지 못 하다고 생각한다. 그 이유는 앞서 말한 부분처럼 어디 밥 한 끼를 먹으러 가더라도 해당 식당을 우리 가게와 접목시켜지는 부분들에 대한 관찰, 지인들과의 약속을 잡을 때 역시 커피 한 잔을 먹으러 가더라도 위의 내용에 대해 분석하며 계속해서 사업가의 관점으로 파악하고 바라보기 때문이다. 언급한 관점은 굉장히 중요한 부분이라고 말하고 싶다. 소비자들의 관심사는 그 여느 때보다 빠르게 변화하고 있고, 하나의 아이템이 가지고 가는 시기가 더 짧아지며 새로운 것 더 발전된 것들이 이미 소비자들에게는 준비되어 있기에 지루하고 기다릴 틈 없이 진행되는 트렌드 교체에 뛰어들어야 하는 것이 현실이기 때문이다.

이미 대박을 쳤던 아이템이 다시금 대박을 칠 수 없다는 편견, 혹은 이미 근처에 해당 아이템의 맛집이 자리 잡았기 때문이라는 변명 등에 사로잡힐 시간에 한곳이라도 더 방문하고, 하나의 사진이라도, 한 권의 잡지라도, 하나의 소셜미디어라도 더 봐가며 소비자들의 니즈를 충족시킬 사업가로서의 통찰력을 발휘하는 것은 그 무엇보다 중요하다. 타고나지 못 했다 하더라도 더욱 읽고, 보고, 느껴가며 10번 100번 센스 있는 사업가들의 시점을 학습한다면 어느새 그 누구라 하더라도 어느 정도의 흐름이 보이고 읽힐 것이다.

노력 앞에 장사 없다는 말도 있듯 자영업에도 음식을 맛있게 만들어 파는 것만이 아닌 숱한 노력들이 필요하다.

상호를 결정짓는다는 것

처음 공간을 계약하고 매장을 오픈하기 전까지 가장 많이 했던 고민 중 하나가 상호를 결정하는 것이었다.

상호가 그 공간을 대표하는 주체가 될 것이라고 생각했고, 그만큼 공간과 상호와 내가 판매하고자 하는 아이템이 조화롭게 이뤄져야 한다고 판단했다. 그만큼 많은 상호들을 생각했었는데 그 당시 내 다이어리에 적혀있는 몇 가지 내용들에 대해 말해보자면,

1. 그 공간의 주인인 '나' 그 주인이 운영하는 '공간'이 대표될 수 있는 의미를 대표할 수 있는 단어

2. 단어의 의미를 내가 아닌 소비자가 이해 및 인식 할 수 있을 스토리텔링

3. 기억하기 쉬운 단어 등이 기록되어 있다.

하나씩 풀어서 정리했던 내용이 아래와 같다.

1. 무엇을 활용하여 마케팅 할 것인가 : 작가, 아이돌 연습생 출신 / 초보 사장 / 셀프 창업
2. 상호에 대입시킬 수 있는 게 무엇이 있는가 : 작가로서의 나의 방향성 주체 -> 마음속 진심을 꺼내어 쓰는 작가 -> 마음 in heart / love / book / sweet
3. 소비자들이 기억하기 쉬운 단어 : 대중적이면서 기억하기 쉬운 단순한 단어들 활용 그리하여 결정된 상호가 IN HEART였다.

마음속 진심을 쓰는 작가가 마음속 정성을 담아 구워내는 쿠키 라는 스토리텔링을 붙였고, '모든 것은 마음에서부터 비롯된다' 라는 의미로 결정 지었다. 소비자들 입장에서는 작가가 운영한다 라는 포인트에서 마음, 즉 heart를 연관 짓기 쉽고, 인하트라는 단어 자체의 단순함과 대중적인 면이 접근하기 쉽다고 판단했다. 마침내 내가 굳이 홍보하지 않아도 자연스레 손님들의 리뷰에 "작가 사장님이 운영하는 인하트 쿠키" "마음속 글을 쓰는 작가님이 마음을 담아 구워내는 수제 쿠키 전문점 인하트 쿠키"

라고 직접 남겨주기 시작했고, 자연스레 인하트 쿠키가 다른 수제 쿠키 전문점 등과 다르게 작가가 운영하는 이라는 내용이 따라 붙으면서 가져가는 네임밸류가 생기기 시작했다. 그 후 상호를 결정하고 나서 블로그 마케팅이나 여러 방면에서 홍보를 할 때에도 고급 수제 쿠키 전문점, 작가가 운영하는, 글과 책이 있는 등으로 일반 쿠키집과 다른 차별점을 두었고, 상호가 기억나지 않아도 "작가가 운영하는 그 쿠키집 있잖아"로 인하트를 대체할 수 있는 효과까지 얻을 수 있었다.

상호와 브랜드 브랜딩을 할 때에 가장 중요한 것은 해당 공간이 주체가 되는 명확한 키워드가 존재해야 한다는 것과 그 키워드와 상호를 소비자들이 이해할 수 있는, 설득력 있는 스토리텔링이 분명해야 한다는 것이다. 그리고 중요한 점은, 소비자들이 해당 공간에 방문했을 때 그 상호를 몸소 체감하고 또 그 체감으로 인해 모든 것에 납득이 가야 한다는 것.

예를 들어 수제 쿠키를 판매하는 매장의 상호가

리틀 포레스트라고 치자, 달콤한 수제쿠키 향 대신 온갖 식물의 향과 화분이 가득한 매장에서 제아무리 맛있는 쿠키를 먹었다고 하더라도 상호와 그 공간이 단번에 각인이 될 것인가. 되려 버터 포레스트라고 지어 밀가루 포대와 모형 바게트 모형 쿠키들을 한가득 바구니에 올려놓은 인테리어에 항상 달콤한 향이 나도록 안에서 무언가를 계속해서 구워 냄새 마케팅이라도 한다면 훨씬 공간과 아이템과 매치되는 상호 아닐까? 아니면 디얼 마이 로맨스라고 상호를 지은 매장에서 한식을 판다면? 이와 같이 내가 소비자가 되어 상호와 공간과 판매하는 아이템을 다 연계시킬 수 있는지를 계속해서 냉정히 고민해 봐야 한다는 것이다.

판매하는 아이템 + 브랜드가 더해진 내용이 보다 더 명료하고 확실하게 소비자들에게 각인시킬 수 있어야 하는 것, 그것이 상호가 되어야 한다.

4. 관찰과 통찰의 필요성

: 재오픈, 재 재오픈을 통한 변화를 두려워하지 말기.
고객들의 피드백과 리뷰들을 통해 보완점과 변화할 부분 꾸준
히 분석 또 분석, 적용, 결과 분석,
적용, 분석 끊임없이 이행할 것.

소비패턴을 분석하자

처음 가게를 오픈하고 가장 먼저 파악하려 한 것은 소비자들이 무엇에 지갑을 열게 되는가였다.

요즘 소비자들은 다방면으로 기준치가 높아졌다. 커피 한 잔을 마시더라도 바리스타만큼이나 원두의 특성과 성질을 잘 알고 있으며, 집에서 홈 카페를 즐기는 사람들도 기술자 못지않은 실력을 지니고 있다. 그만큼 본인이 소비하고 있는 돈에 대해 기준치가 상당히 높아진 게 요즘 추세이다. 그렇다면 무엇에 열광하는지, 소비자들의 지갑까지 열게 하는 포인트가 무엇일지 정확하게 분석하는 것이 더욱 중요하다. 나 같은 경우 가장 대표적이고 단면적이지만 정확한 결과치를 알 수 있는 방법을 택했다. 바로 우리 매장의 주 타깃층을 명확하게 분석하기와 해당 타깃층이 열광하는 요소 찾기였다. 이해하기 쉽게 설명을 해보자면 처음 매장을 열었을 때 20대에서 40대까지 찾을 수 있는 스펙트럼 넓은 쿠키집이 되고 싶었다. "아이부터 어른까지 누구나 담백하고 달콤하게 즐길 수 있는 건강한 수제 쿠키"를 홍보 문구로 내세우고 싶었기 때문이다.

그러나 너무 장황했고 추상적이었다. 그래서 모험을 해야 했는데, 내 나이 또래 즉 젊은 친구들이 줄 서서 먹는 쿠켓팅(쿠키 티켓팅)을 하는 쿠키샵이 될 것인가 아님 3-40대의 회사원 기업 주부들을 공략하는 선물하기 좋은 고급진 답례품 전문점이 될 것인가를 판단하려고 시도했었다.

그리하여 생각해 낸 것 이 젊은층의 반응을 볼 수 있는 인스타그램과 페이스북 페이지 그리고 연령층이 조금 있는 분들의 반응을 볼 수 있는 지역 카페와 맘카페에 동시에 글을 올려 클릭수와 조회수, 좋아요수, 저장수를 분석하는 것. 더불어 유입된 인원들에게는 꼭 어디서 보고 오셨냐며 유입 경로를 여쭙곤 했다. 한두 달 정도를 꾸준히 분석하고 기록하니 인하트의 쿠키는 너무 달지 않아 전 연령대가 거부감이 없다는 점과 포장 패키지가 고급 져서 선물하기 좋다는 두 가지 포인트에서 반응이 있었고, 되려 연령대가 조금 있으신 주부 분들과 자녀를 두신 어머니들 또는 회사 기업 공공기관 등에서 주문이 높다는 것이었다.

해당 데이터를 바탕으로 분명한 소비 타깃층을 정했고 그 점을 더욱 어필하기 위해 조금씩 변화를 시도했다. 영어 글씨체로 어렵게 적혀있던 간판으로 인해 해당 매장이 뭐 하는 곳인지 잘 모를 수 있다는 부분을 보완하고자, 누구나 보기 쉽고, 한눈에 봐도 쿠키 답례품 전문점이라는 걸 홍보하기 위해 비교적 심플한 입간판과 사진과 선물 패키지 이미지가 포함된 현수막 배너를 제작하여 매장 입구에 배치하였고, 답례품 주문을 하기 위해 거쳐야 했던 인스타그램과 네이버 블로그가 어려우실 수 있는 소비자 연령층을 위해 포스터를 제작하여 큐알코드만 갖다 대면 접속되는 기능이 담긴 한글 포스터를 매장 전면에 부착하였다. 실제로 오고 가며 뭐 하는 곳인지 궁금해만 하고 지나가던 분들까지 한참 배너와 포스터를 들여다보시곤 명함을 가져가시거나, 선뜻 들어오기 어려워 망설이셨던 분들까지도 쿠키를 판매하고 있다는 걸 인지하신 후 방문해 주신다거나 바로 들어오셔서 답례 샘플 구성을 보여달라 하시는 분들까지 섭렵할 수 있었다.

이처럼 현재 이 시대에 맞는 트렌드를 파악하는 것과 그 트렌드를 향한 소비자들의 소비패턴 그리고 그 두 가지를 접목시킬 해당 매장만의 특색을 조화롭게 활용할 줄 알아야 한다. 각 매장마다 각 콘셉트마다 생산성이 있는 홍보방법과 연관이 되는 스토리텔링이 각기 다른데 옆집에서 저가 커피를 승부를 본다고 해서 무작정 쿠키 가격을 낮춘다거나, 타샵이 쿠키를 오후 세시에다 팔았기에 문을 닫는 콘셉트로 희소성으로 승부 본다고 해서 그걸 카피하기 보단 직접 찾아야 한다는 것이다.

1. 본인 매장에서 무엇을 어필하고 싶은지 -> 주력 아이템
2. 상권 주 타깃층 시대 트렌드 가격 운영 방향이 조화롭게 구성되어 있는지 -> 오피스 상권에 맞는 운영시간대인지 확인할 것
3. 그에 따른 홍보를 적절히 하고 있는지 잘 파악해야만 한다. -> 2030 소비자층은 sns 활성화 어르신들 소비자층은 네이버 전단지 등 여러 단계로 홍보 방안을 파악해보아야 한다.

어떤 아이템을 가지고, 어디에서, 어떠한 컨셉으로 장사할 것인가.

나는 처음 사업 계획서를 작성할 때에 가장 첫 줄에 적은 것이 내가 어떤 사업을 하고 싶은가 였다. 그저 쿠키를 파는 카페라고만 정의해뒀더라면 지금까지 못 왔을 것 같다. 쿠키는 유튜브만 조금 보고 따라해도 엇비슷 하게 모양이 나오고, 인스타그램만 켜봐도 요새 단체와 답례로 장사가 잘 되는 가게들이 많고, 유명한 쿠키집은 줄을 서서라도 양손 가득 몇 박스씩 들고나오는 장점에만 매료되어 카피하듯 오픈해둔다면?

아마 그 결과는 몇 달뒤 텅 빈 가게에서 왜 손님이 안 오는지는 모르는 체로 계속해서 끝없는 기다림의 연속으로 가게에 있을 것이다. 나는 결과주의자이지만 '어떻게' 할 것인가가 정말 중요한 사람이다. 그래야 나 자신에게 후회가 없기 때문인데 그렇기 때문에 내가 세워놓은 결론을 달성하기 위해 '어떻게' 갈 것인가에 대해 아주 만발의 준비를 다한다. 그 만발의 준비가 어떻게 진행 되었는지를 이야기해보자면

1. 어떤 아이템을 판매할 것인가
2. 어떤 컨셉으로 운영할 것인가
3. 어디에 오픈할 것인가
4. 단발성인가 장기전인가
5. 주 아이템 외 부가적인 수익창출을 할 요소가 있는가

이렇게 다섯가지의 질문에 대해 스스로 답을 내려가고 끝없이 수정하고 또 자료를 찾아보며 수십번을 반복했는데 위 내용을 포함하여 인하트쿠키 초기 사업계획서 샘플을 다음 페이지에 간략히 첨부할테니 현재 매장을 운영 중인 사장님들도 다시 한번 본인의 매장의 방향성을 점검해 본다는 마음으로 함께 생각해 봐도 좋을 것 같다.

어떤 아이템 :
수제 쿠키 -> 100% 동물성 버터로만 만드는 건강하게 즐길 수 있는 수제쿠키

어떤 콘셉트 :
선물하기 좋은 고급 수제 쿠키 -> 사랑하는 사람에게 선물하기 좋은 고급진 수제 쿠키. ->견고하고 고급진 포장으로 답례품 공략

어디에 :
예약제와 단체 답례품을 위주로 할 것이니 찾아오는 손님이 주를 이룰것으로 보아 굳이 번화가가 아닌 월세가 조금 저렴한 골목 상권이면서도 주차는 반드시 가능한 상권

그 외 인하트 라는 것으로 창출 가능한 수익 : 유튜브로 인하트의 일상을 공유하며 전국 온라인 택배사업 실시, 전국 답례품 주문 활성화, 베이킹 클래스 및 가맹사업 본격화, 그 외 유튜브와 블로그를 통한 광고 및 협찬 협업 진행

위와 같은 내용이 있었기에 지금까지 살아남았다고 생각한다. 그러므로 어떤 방면으로 어떻게 이 자영업 포화시장에서 살아남을지를 만반의 준비를 거쳐놔야만 한다. 좋은 자리가 나와있고, 돈이 있고, 유행하는 아이템을 팔고, 오픈만 한다고 다가 아니라는 것. 위와 같은 간략한 계획과 구상이라도 분명하게 정해져있어야 본인이 가고자 하는 방향성과 운영하고자 하는 컨셉이 확고해지고, 그로 인해 소비자들이 인식하기에 해당 브랜드에 흥미와 소비욕구를 불러일으킬 수 있다. 요즘은 카페도 식당도 모두 그저 커피만 음식만 맛있다고 장사가 잘 되는 시대가 절대적으로 아니라고 말할 수 있다. 해당 카페의 전반적인 컨셉과 그 카페를 운영하는 사장, 그리고 그 카페에서 생산되는 굿즈와 그 외 부가적인 것들에 더욱 힘을 실어야한다.

장사하는 사람이 성실하게 제 시간에 문을 열기만 하면 되는, 음식하는 사람이 음식만 맛있게 만들기만 하면 되는, 서비스직이 서비스만 친절하게 하기만 하면 되는 그런 시대는 가버렸다.

더불어 그러한 대목이 맞물려주는 상권과 그러지 않은 상권 또한 다르며 그 결괏값조차 우리 마음대로 알래야 알수가 없다. 한 마디로 내가 몸담고 있는 상권이 어떠한 상권인지, 어떠한 아이템이 먹히는 것인지, 그 아이템을 어떻게 먹히게 할 것인지, 누가 먹을 것인지, 어떠한 태도와 서비스를 갖춰야 하는지 각기 다 다르게 세부화 하여 구축해둬야만 한다. 백지 종이 한 장과 연필 한 자루 그리고 트렌드를 검색할 수 있는 휴대폰까지. 이 세 가지로 할 수 있는 모든 걸 해보자.

동네상권에서 동네장사 보다
다른 방안으로 수익을 내는 이유

현재 운영하고 있는 매장은 지극히 동네 상권이다. 동네 상권 중에서도 골목과 골목 사이에 위치한 동네 골목 상권. 그중에서도 주 거주 연령층이 60-80대가 평균이며 내 또래를 쉽게 찾아볼 수가 없는 그런 환경이 현재 내가 운영하는 매장의 상권 상황이다. 2020년, 처음 점포를 보러 다니던 때에 나에게는 상권이나 입지요건과 환경 등을 우선순위가 아니었다. 그저 내게 주어진 돈으로 권리금과 보증금을 충당할 수 있는 곳이기만 하면 된다는 절박함이 우선이었다. 그럼에도 불구하고 사실 현재 매장은 보러 가는 길 내내 '여기는 정말 유동인구가 없겠다. 가고 있으니까 한 번 보기나 하자' 란 생각으로 갈만큼 내가 둘러본 곳들 중 가장 상권은 좋지 않았다. 다만 현재 매장에 발을 디뎠을 때 사랑하는 사람과 첫눈에 반한다는 말이 있듯, 이 매장에 뭔가를 해나갈 수 있을 것 같다는 그 강한 에너지가 느껴졌다. 마치 처음 울산을 내려가서 카페를 창업해야겠다고 마음먹었을 때와 같은 그런 확신감이었다.

하지만 그럼에도 불구하고 가게를 양도 받은 이후 상권이 좋지 않은 점에 대해 깊은 고민에 빠졌었는데 해결책을 내려면 해당 상권에 대한 철저한 조사와 파악이 필요했고 그에따른 대책을 마련했어야 했다. 그 때 내가 적은 몇 가지는 아래와 같다.

1. 시간대별, 요일별, 주말 혹은 평일, 비 오는 날과 날씨가 좋은 날에 따라 유동 인구를 파악하기
2. 도보 15분 이내 기준으로 어떤 가게가 장사가 잘 되는지와 더불어 그 가게만의 강 단점 파악하기
3. 동네 상권과 어르신들이 대부분 거주하시는 해당 상권일지라도 이 안에서 우리 가게로 유입할 수 있는 특정 인구와 그 인구를 유입시킬 루트
4. 동종 업계 배달 카페의 운영 방식 및 영업 방향성 파악
5. 그 외 사람들을 이곳으로 이끌 수 있는 마케팅 방안에 대한 답을 찾기.

이 다섯 가지를 플랜 a b c 나눠가며 모든 내용을 파악하려고 발로 뛰고, 지역 카페 및 여러 리뷰들과 동네 주민분들과의 대화 등을 통해 만발의 준비를 하곤 했다. 모든 조사를 마친 후 내가 내린 결단은 다음과 같다.

1. 주말보단 평일 장사가 잘 되는 곳이다 -> 휴무일 설정에 참고하기
2. 점심시간과 저녁 식사를 마친 시간이 피크 타임이다 -> 오픈 시간과 마감 시간 참고
3. 동네 거주 인구 외 인구는 대부분 인근 관공서 직원분들이다 -> 관공서 단체 답례 홍보를 위한 방안과 유입 방안 찾기
4. 동네 상권이지만 배달 점포들이 많은 동네라 배달 점포 사장님들의 커피 수요를 [직접 만드는 수제 쿠키]라는 시그니처로 우리 매장으로 유입 시키기 -> 근처 매장들 자주 방문 및 배달 시키며 관계 유지를 통해 여러 정보 및 팁 교환
5. 동종 업계 배달 카페의 영업 동태 살피기 -> 배달 팁 설정과 리뷰 이벤트 및 주문이 많은 맛집 랭킹의 설정된 카페 메리트 레퍼런스 참고하기

처음 운영을 시작했을 땐 일주일에 하루 쉬어가며 오전 10시부터 밤 10시까지 운영도 해보고, 요일별로 휴무일을 바꿔 쉬어보기도 하고, 배달의 민족을 24시간 켜두기도 하는 다양한 시도를 해보았다.

그렇게 설정해둔 값으로 운영한지 1년 차가 조금 지나갈 때쯤 나에겐 또 한 번의 결단이 필요했었다. 동네에 매일 열려있는 빵집과 같은 방향으로 갈 것인가, 단체나 답례품 전문으로 운영하며 정해진 요일만 열려있는 방향으로 갈 것인가.

각자 잃고 얻는 부분이 명확했고 판단은 나의 몫이었다. 나는 유튜브가 널리 알려지면서 전국구에서 택배와 답례품 주문이 점점 늘어가기 시작한다는 점과 해당 동네에서 장사를 하려면 오랜 시간 문을 열어둬서 상시 열려있는 매장임을 고집해야 한다는 나의 조사에 반해 나는 작가로서 글도, 유투버로서 유튜브 업무도, 가게 장사도, 베이킹 관련 클래스 준비도 해야 한다는 점을 덧붙여 과감하게 답례품 전문점으로 콘셉트를 바꾸는 결정을 했다.

되려 답례품 전문으로 콘셉트를 바꾼 후 명확히 내가 잘하는 것에 대해 더 시너지를 낼 수 있는 에너지가 생기고, 기업 관공서 등에서도 고정적으로 고정 단체가 늘기 시작했다. 울산 내에서만 주문이 들어오던 답례품이 이제 전국구로 들어오기 시작했고, 그로 인해 답례품 또한 간편히 온라인 주문으로 할 수 있도록 플랫폼을 구축하고, 카카오 채널을 만들어 문의가 수월하게 조성해두었다. 주문이 매일 들어오고 문의가 쇄도할수록 더욱 나와 비슷한 결의 매장들의 추세나 소비자들의 니즈를 파악하는 것에 게을리하지 않고 있으며,

답례품이 돈이 된다는 쉬운 생각에 포화 상태가 온 해당 디저트 답례품 시장에서 다음 스텝을 모색하고 있다.

장사를 하면서 깨달은 몇 가지 법칙

셀프로, 1인으로, 창업에 기반한 어떠한 경험도 없이 내가 맨땅에 헤딩하듯 자영업에 뛰어들어 결국은 2호점 3호점 계약과 더불어 전국 각지에서 택배와 답례품 문의를 받으며 베이킹 스튜디오를 오픈 예정에 있는 '나' 처음에 창업을 준비하고 시작하면서 계획단계의 필요성에 대해서 많이 언급해왔는데 내가 자영업자로 살아가며 몇 가지 큰 틀을 구축한 사실들이 있다. 그 중 첫 번째는, 창업 후 자영업자로 살아가는 것에 있어 몇 가지 단계가 있다는 사실.

1. 창업 전 계획 단계 어떤 아이템을 가지고 어디에서 어떻게 운영할 것인가.
2. 계획한 데이터를 가지고 현실에 적용 시켜보기
3. 접목시켜본 데이터를 가지고 개선 사항 체크하기
해당 아이템이 어떤 연령층, 성별의 소비자들에게 반응이 좋은지, 해당 컨셉과 아이템의 조화가 소비자의 입장에서 납득이 되는 스토리를 지녔는지, 해당 상권의 소비자들에게 해당 아이템이 먹히는지, 전반적인 고객들의 피드백은 어떠한지.

4.피드백된 사항들을 개선하기 :
 예를들어 오피스 상권에서 샌드위치 가게를 운영한다고 했을 때 영업시간을 12시부터 6시로 잡았었는데 유동 인구의 시간이 가장 활발한 아침 시간에 허기를 달래기 위해 샌드위치를 사서 들어가면 좋겠다고 파악
 ->
 운영 시간 변경 / 아침부터 점심 저녁까지 쭉 샌드위치를 판매하고 있었는데 아침에 소비욕을 일으키는 아이템과 점심, 저녁이 다른 점을 파악했다면
 ->
 점심 때는 달콤한 디저트류 추가 등

5.다시 한 번 개선한 피드백 사항을 적용시켜보며 분기별로 해당 루틴을 반복 해보기.

그리고 두 번째로는, 아끼지 말고 내 매장에 투자 해야 한다는 사실이다. 설령 내가 10만원을 벌었어도 5만원은 해당 매장 운영에 투자하는 투자비용으로 아까워 말고 쓸 줄 알아야 한다는 말이다. 내가 이 사실을 깨닫게 된 계기가 있는데 오픈 후 얼마 안 된 당시 아주 작은 오븐 하나로 1000개를 쳐내고, 핸드 믹서기로 1000개의 쿠키 반죽을 낮 밤할 거 없이 생산하며 일을 하곤 했었다.

이유는 물론 답례로 많은 물량을 받은 것 자체가 매장 운영이 어느 정도는 돌아간다는 팩트였지만, 고정적이지 않은 매출이 늘상 불안했고 당연히 그런 상황에 투자는 날 더 불안하게 만들었기 때문이다. 나만 버티면 된다는 생각으로 버티고 버텼는데 지금 당장 이번 달에는 답례가 몰려 몇 천만 원을 벌어도 다음 달이면 소비자들의 소비가 풍족했던 만큼 그들이 지갑을 열지 않을 거란 걸 알아버렸기 때문이다.

하지만 얼마 안 가서 결국은 한 달에 2-3번 응급실을 가는 일이 잦아졌고 몸이 상하며 건강이 무너지고 있다는 사실을 몸소 체감할 수 있었다.

그럼에도 불구하고 큰 변화없이 매장을 비슷한 여건으로 운영하고 있던 나에게 큰 사고 전환을 일깨워 주는 일이 생격난다.

일에 관련된 영역에 있어 그 누군가의 코칭도 피드백도 나 자신에 대한 프라이드를 깎는 일 같아 귀담아듣지 않았던 그런 나에게도 귀인 같은 분들이 계셨다. 같은 지역 동종 업계 카페 일을 하고 계시는 부부 사장님께서 늘 동생처럼 오랜 시간 진심어린 조언을 많이 해주시곤 하셨는데, 처음으로 인하트 매장에 응원 겸 놀러를 와주신 것이었다. 그렇게 매장에 오셔서 이것저것 조언과 고민도 나누어 주시고 가셨는데 그 때 강조해 주신 것이 사장님께서 얼마를 벌던 매달 총 정산 금액에서 일부는 투자 비용으로 따로 모아두라는 말씀이었다.

아까워 하지 말고 말이다. 원래라면 속으로 '뭘 안다고 쉽게 이야기 하시지?' 했을 수도 있다. 하지만 나에게 가르침 또는 조언보다는 걱정과 염려 그리고 응원을 정말 따스히 보내주심을 스스로 오래 인지한 덕인지 절로 마음에 그 조언이 와닿았다. 그리고 또 다른 바로는 장사가 조금 되면 파트 타이머라도 고용하여 매장을 맡기고, 밖에 나가서 더 넓은 세상과 많은 아이디어를 얻어 오는 것이 대표의 역할이며, 오븐이나 집기류에 투자를 과감히 할 줄 아는 것조차 매장의 발전과 미래를 위한 일이라고 생각할 수 있게 되었다.

그 뒤로 나는 매출의 절반을 투자 비용으로 축적했으며 가정용 오븐을 업소용 대용량 오븐으로 바꾸고, 스탠드 믹서기를 구비하였다. 역시나 덕분에 효율성 있고 생산성 있는 작업을 통해 더 많은 주문을 받을 수 있게 되었다. 작업 환경이 바뀌니 건강이나 체력면에서도 더 생산적인 컨디션 관리가 가능해졌고 진작 말씀을 들을 걸 하는 후회도 하곤 할 만큼 만족하는 작업 환경 개선이었다고 생각한다.

그리고 마지막 세 번째는, 두 번째와 비슷한 맥락으로 홍보 비용에도 돈을 아끼지 말자는 것.

물론 이 시대의 흐름을 잘 반영하고 담고 있는 사각 프레임, 즉 인스타그램이나 블로그 페이스북과 같은 스스로 해낼 수 있는 영역의 것들은 셀프로 충당을 하고, 그 외 적인 부분 지역 커뮤니티나 지역 페이스북 페이지 등 가게가 아무리 예쁘고, 파는 음식이 아무리 맛있고, 아무리 친절한 서비스를 행한다고 하더라도 소비자들이 해당 가게가 있다는 점을 모른다면? 맨날 가게에서 쓸고 닦고, 투자하고, 발전시키고 해도 꽝이라는 점. 나는 그 점을 항상 상기시키며 홍보 비용에 돈을 아끼지 않으려고 노력하는 편이다. 물론 내가 적고, 내가 쓰는 이 모든 내용이 누군가에겐 정답이 아닐 수도 있지만 나는 누군가에게 정답을 주기보다는 누군가의 경험치로 알게 된 경험을 공유하여 그 누군가의 것이 일궈지는 것에 아주 작은 도움이라도 되고 싶을 뿐이다.

나 역시 그랬고, 나조차도 그래 왔으니 말이다.

5. 최고 보단 최선을!

: 인하트 쿠키를 이끌어온 '나'의 가치관과 그 가치관이 더해진 인하트의 미래에 대하여 어디인지 늘 탐색하기.

다음으로 나아가야 하는 상황에서

어느덧 매장이 안정권에 접어들고, 전국적으로 쿠키를 찾아주시는 분들이 생겨나며, 가맹점 문의가 끝없이 들어오고, 전수 창업을 물어보는 사람들이 늘어가는 걸 보며 이제는 그다음 스텝을 모색해 봐야겠다는 것을 느꼈다.

처음 유튜브 알고리즘이 터져 온라인 주문에 대한 수요가 늘었을 때 나는 곧장 이 때다 싶은 마음으로 온라인 주문을 열진 않았었다. 왜냐하면 어디선가 봤던 말 중에 구독자가 1만이 모였다고 큐앤에이를 진행하지 말고, 5만이 되면 오픈한다는 공약으로 사람들의 궁금증과 기대 심리를 증폭시키라는 봤었는데, 그게 곧 나에겐 구독자들의 요청을 바로바로 반영하지 않고 조금 더 기다림을 유지하게 하는 것으로 바로 적용이 되었다. 어쩔 수 없이 희소 가치가 있는 것, 쉽게 접하지 않는 것에 더욱 반응하기 마련이라는 점. 분명 초기에 불만은 있을 수 있으나 어렵게 접한 쿠키의 맛에서 그들의 마음을 잡을 것이라는 확신이 있었기 때문이다.

위와 같은 맥락으로 베이킹 클래스도 가맹 문의도 다 수요가 있을 때 바로 액션을 취하지 않았다. 모든 면에서 수요도를 소비자들의 심리에 따라가는 것이 아니라 나의 흐름에 소비자들이 따르게끔 구축해둔 것. 그것이 나의 전략이 아니었을까 싶다.

이것을 깨달은 이후 사람들은 인하트 쿠키의 쿠키에도 열광을 하지만 포장과 패키지에 반응한다는 것을 알았고, 하나, 두 개 쿠키를 더 판매하는 것보다 단체 답례품에 한 건을 더 바란다는 것을 알았고, 인하트 쿠키의 공간을 접해보고 싶은 것보다는 인하트 쿠키의 스토리를 알고 싶어 한다는 것을 알았다. 더불어 인하트 쿠키의 소비자층은 쿠키를 사 먹는 소비자가 아닌 인하트 쿠키와 같은 브랜드를 오픈하고 싶어 하는 잠재된 예비 창업자분들이라는 것까지 말이다.
이런 관점으로 내가 어떤 방향성을 모색하고 싶은지와 더불어 소비자들이 어떤 것들을 바라는지를 쫓다보면 내가 걸어갈 다음 스텝이 보이기 시작한다.

내가 지금 이 책을 쓰고 있는 이유조차 잠재되어 있는 예비 창업가분들의 또는 나와 비슷한 조건과 배경과 환경의 사람들이 하나의 빛을 쫓아 희망을 새롭게 걸어보길 위함이고, 현재 인하트 쿠키 매장의 일정 기간 방학을 통하여 베이킹 스튜디오와 창업 컨설팅 방면으로 방향을 트는 과정들이 내 다음 스텝이 결정된 이유들이 아닐까 싶다.

가슴이 뛰는 일을 한다는 것.

인하트를 오픈한지 4년이 조금 넘어가는 시기에 깨달은 사실 하나가 있다. 사람은 정말 본인이 가슴 뛰는 일을 해야 한다는 것 말이다.

대부분 돈을 많이 벌어서 성공하겠다는 목표로 처음 창업을 하거나, 오랜 꿈이었던 나의 꿈을 이루겠다는 부푼 기대감으로 창업을 하게 된다. 허나 그 목표에만 매달리기 시작하면 모든 기준이 결과로만 구축되기 마련이다. 장사를 하다 보면 장사보다 돈이 더 되는 일도 많고, 새롭게 하고 싶어지는 일도 많고, 현혹되는 것들을 끊임없이 생겨난다. 마냥 초심을 잃지 말라는 말들로 그러한 순간들을 다독이기엔 당장 오픈 후 마감하는 시간마다 매출을 확인 해야 할 것 이고, 창업만큼 신경 쓸 것이 많은 폐업에 당장 장사를 접는 것조차 내 마음대로 할 수가 없다. 저조한 매출과 비례하는 안일해지는 마음은 당연히 내가 매장을 운영하는 것에 큰 영향을 끼치기 마련이다. 그렇기에 나 자신은 인하트 쿠키를 운영하며 단순히 겉으로 보기에는 똑같이 쿠키를 굽고, 쿠키를 판매하는 것처럼 보여도 매 각기 다른 것들을 창조해내 스스로 가슴 뛰는 일을 계속해서 일어나는 일상으로 만들곤 했다.

예를 들면
1. 출근하는 동안 하루 종일 내 가슴이 뛸 만한 노래 플레이리스트로 만들어놓고 노래에 기대 하루를 새로운 분위기로 조성해 보기
2. 새로운 아이디어 끊임없이 만들어보기. 만든 아이디어로 시즌 이벤트나 자체적인 새로운 이슈 만들기. 예) 5월은 베이킹 클래스 오픈, 6월은 구독자들과의 만남, 7월은 스마트 스토어 리뷰 이벤트로 가장 낭만적인 리뷰를 남겨주신 분을 선정해 쿠키박스 증정
3. 건강하고 선한 자극 받기. 유튜브나 책 들을 통해 나와 같은 고민이나 비슷한 처지의 앞선 경험을 겪으신 분들의 이야기와 그것을 극복해 내는 일화를 보며 마음에 새로운 에너지, 새로운 자극 주기. 제아무리 돈이 되고, 좋은 성과를 내더라도 가슴이 뛰지 않으면 오래가기 어렵다.

당연히 초심을 잃지 않는 것이 가장 정석이겠지만 사람이 하는 일이고, 마냥 좋은 성과만을 가져올 수 없지 않은가.

마음이 나태해지고, 노력만큼 나오진 못 하는 성과에 흥미를 잃고, 의지가 나약해질수록 내가 처음 이 일을 가슴 뛰게 하고 싶어 했던 그때를 떠올려보자. 새로운 환경을 조성하고, 새로운 것들을 창조하며, 새로운 자극으로 나 자신을 이렇게 저렇게 움직이며 나 자신에게 맞는 방법으로 새롭게 가슴을 뛰게 해보기로 하자.

오픈 초기 1년을 제외하고 적자가 나지 않을 수 있었던 이유에 대하여

인하트 쿠키는 조금 예외적인 절차를 많이 겪었다고 생각한다. 모든 만발의 준비를 거친 후 오픈했어야 하는 기존의 형식에서 벗어나 점차 발전되어가는 모습을 소비자들에게 완전히 노출한 방식과 그 과정에 따라 변화하고 발전하는 모습에 대한 고객들의 피드백과 니즈를 완전히 반영해 안정권에 접어들기 시작한 모습까지. 어떻게 보면 고객들이 만들어간 참여형 창업이었달까.

당시에 소비자들에게 그리고 구독자들에게 나와 내 매장의 약점과 결점을 온전히 오픈하는 일은 결코 쉬운 일이 아니었다. 분명 득이 될지 실이 될지 모른다는 생각에 많이 망설였던 사실이었지만, 모든 것을 오픈할 때에 나 자신에게 한 가지의 확신은 있었다. 단 한 줄의 의견이라도, 작은 소리일지라도 분명히 목소리를 내주신 것에 대해서만큼은 무조건 눈에 보이는 변화를 보이자는 것. 그래서 마치 프로듀스 101의 국민 프로듀서들이 11명의 아이돌 멤버를 선발해 하나의 그룹을 만들었듯 소비자들에게

프로듀싱을 받는 과정을 거치는 성장형 콘텐츠를 보여주고 그들에게 뿌듯함과 참여했다는 그 자체에 애착을 가질 수 있도록 소비자의 마음을 사로잡아 보자는 결정을 내렸다. 막연히 한 표의 표를 갈망하고, 애절하게 부탁하는 스탠스가 아닌 그들이 스스로 지갑을 열어 소비를 해갈 수 있도록 메이킹을 잘 해나가는 것이 관건이자 포인트였다. 자선 사업가나 기부자가 아닌 이상 맛없어서 혹은 그 외 어떠한 연유로 장사가 잘 안되는 가게에 애써 찾아가고 굳이 돈을 써가며 본인들의 의견을 들려줄 사람이 누가 있을 텐가. 그렇기에 나는 더욱 아이디어를 많이 내보곤 했다. 그중 가장 적절했던 것이 유튜브 구독자들을 활용하는 것이었다. 해당 매장이 단체와 답례로는 오픈 초기부터 매출이 꾀나 나와주던 상황이었기에 콘텐츠로는 매출이 잘 나와주고 바쁜 일상을 보여주어, 이 사장은 어떻게 이 작은 10평 가게에서 혼자서 이 많은 물량을 내고, 매출을 뽑을까. 관심을 갖고 영상을 클릭하게 만들고, 구독하게 만든 후 자연스레 운영 방향에 대한 고민을 브이로그

콘텐츠에 녹여냈다.

그러니 정말 상상이상으로 나와 같은 초보 사장 혹은 예비창업을 앞둔 창업가들의 관심을 한 번에 받을 수 있었다. 나의 채널에서 함께 고민을 나누고, 아직 창업을 하지 않아서 해당 영상에서 여러 경험을 공부하고자 시청하지만 현재는 소비자의 심리로 우리의 문제를 스스로 나서 실질적인 고객들의 니즈를 알려주기까지 했다.

그때를 놓치지 않고, 해당 댓글을 달아주신 분들을 상대로 쿠키 박스 선물 증정 이벤트 또는 책 선물 이벤트 등을 생성해나가며 1석 2조 효과를 보게 되었다. 또 맛있는 쿠키라는 자부심은 항상 있었기에 한 번 맛본 사람은 다시 주문할 수밖에 없다는 그 확신을 밀고나가는 마케팅을 시전했다. 구독자분들은 궁금했던 매장의 쿠키를 선물 받아 먹을 수도 있고, 나아가 본인들의 의견이 반영되는 모습을 보며 뿌듯함을 체감하셨다고 했다. 그리고 아직까지도 택배주문으로 자주 찾아주시는 단골이 되어주셨다.

모든 질문은 내가 아닌 소비자들에게 물어보자.

커뮤니케이션을 놓치지 말고 지속적으로 행하며, 끊임없이 고객들의 니즈를 충족시켜준다면 결코 뒤처지지 않는 매장으로 오래 영업하고도 남을 것이다.

장사가 잘 되고 싶다면 기억할 것.

어떤 성과를 내고 싶은가에 따라 다를 테지만 지금부터 내가 하는 이야기는 소비자들에게 사랑받는 가게로 오래 영업하고 싶은 마음이 있으신 사장님들에게 도움이 될만한 이야기가 되겠다.

지금부터 생각해 볼 것은 과연 내 가게에 나 혼자만의 일방적인 고집을 가지고, 소비자들과 타협하지 않고, 나만의 고집에 고립되어 운영하고 있지는 않은가? 이다. 베이킹 클래스를 오픈하고 기억에 남는 일화 중 하나가 울산에서 많이 먼 지역에서 매장을 운영하고 계신 사장님께서 찾아와서 정말 진심 어린 눈빛으로 나에게 고민을 털어 놓으셨는데 나와 비슷한 나이 또래에 너무 절실해 보이는 모습에 이야기를 들어 드리기 시작했고, 비교적 내용은 단순했다.

해당 사장님은 7년을 대형카페에서 일을 해오며 전반적인 직무 경험을 쌓았고, 자본도 마련했고, 자신 있게 매장을 열었는데 하루 매출이 1-3만 원을 겉돈다는 것이었다.

당연히 경제적으로 힘든 상황에 무언가를 투자하고, 홍보비용으로 큰돈을 쓰는 결정은 결코 쉽지가 않았고, 본질적인 문제를 찾아 분석해 보는 것이 필요했다.

우선 사장님은 대형 프랜차이즈에서 고집하던 매뉴얼들을 개인 매장에서 그대로 적용시켜 운영하고 계셨고, 판매하고 있던 아이템과 전혀 어우러지지 않는 매장의 콘셉트, 그리고 쉽게 소비자들이 관심을 갖기 어려운 매장의 인테리어까지. 소비자의 시점에서 매장을 관찰하는 요소가 매우 부족하다 판단이 들었다. 사장님께 하나씩 문제의 요소를 설명해 드렸고, 나중에는 본인도 스스로 커리어를 부정당하는 거 같아 받아들이기 어려웠지만 하나씩 인정하고 수용하고 보니 맞는 말이었다고 말씀하시며 수긍해주셨는데 그 뒤 피드백을 수용 후 바뀌어간 변화가 대단했었다. 이토록 심플하게 해결되는 고민의 이유는 마찬가지로 간단하다. 대부분 나의 공간, 나의 가치, 나의 브랜드에 사로잡혀 나의 것이지만 소비하는 자, 즉 주인은 소비자라는 사실을 망각하곤 하기 때문이다.

그 망각에서 벗어나지 못 하고 고립되는 그 순간 텅 빈 매장과 조용한 공간을 맞이하게 되는 것 아닐까. 매일같이 손님들이 오길 바라면서 손님들이 오고 싶게 만들진 않고, 항상 장사가 잘 되어 매출이 많이 나오길 바라면서 소비자들의 불편사항을 개선하는 것에는 돈을 아끼고, 성공한 브랜드의 대표가 되고 싶으면서 성공과 발전을 위한 인정과 공부는 하지 않으려 한다면 그것은 옳지않은 생각이라고 말하고 싶다.

장사의 본질은 소비자의 심리를 명확하게 파악해, 선뜻 지갑을 열게 하는 것이다. 구걸도, 강요도 아닌 자의로 스스로 돈을 쓰고 싶게 만들어내는 것.
단순히 음식만 잘하고, 단순히 홍보만 과도하게 하고, 단순히 오픈만 해놓고 손님들이 찾아오길 바라는 것으로만 되는 그런 쉬운 것이 아니라는 말이다. 따라서 아주 작은 노력일지라도 분명한 변화를 줄 수 있는 노력을 찾아 지속적으로 시도해야 한다. 그래야 빠르게 변화하는 이 시대에서 살아남을 수 있는 경쟁력 있는 자영업자가 될 수 있기 때문이다.

가장 중요한 본질을 놓치지 말 것.

요즘 마케팅이 가게의 80% 이상 영향을 미친다는 과도한 홍보 영향에 기본이 지켜지지 않는 매장들이 많아지고 있음을 느낀다. 철저히 준수해야만 하는 운영시간과 기본 중 기본인 음식의 맛, 그리고 고객들의 리뷰를 성실히 피드백하는 자세. 기본 중의 기본이라고 생각하는 요소들은 지켜지지 않으면서 과도한 마케팅에 의해 과대포장한 홍보글들이 판을 친다. 실제 고객들의 반응이 어떠한 지는 눈 가리고 아웅 하듯 감춰버리고, 자아도취되어 엉망으로 운영되는 사례들이 늘어가는 이유이기도 하다. 혹은 조금씩 입소문이나 웨이팅이 생기고, 멀리서 찾아와주시고, 오래 기다려주시는 손님들에 대해 감사할 줄 모르고 되려 갑의 역할이 되어 소비자들을 안일하게 대하는 그러한 태도들까지 생겨난다.

장사를 하고 싶다면 무엇보다 장사의 본질을 지켜내야 한다. 그리고 매일 매 순간 항상 겸손히 냉정히 나의 매장을 바라보아야 한다. 이곳을 왜 찾아주셨는지, 어떻게 알고 방문해 주셨는지, 그렇다면 어떻게 다시 이곳을 방문하게 할 것 인지, 그다음은 무엇을 고민해야 할지 고민하고 또 나아가야 한다.

나는 자영업의 가장 큰 단점이면 단점이라고 꼽을 수 있는 부분이 바로 사적인 시간과 공적인 시간이 크게 분리되지 못한다는 것이라고 본다. 나 역시 그 사실을 잘 알고 있기에 나는 눈 떠서부터 눈 감기 전 까지의 대부분의 시간을 장사와 사업에 관련된 해당 고민에 할애하고 있다. 지금 이 글을 읽는 독자들 중 창업을 꿈 꾸면서 이러한 현실에 대해 마주해 본적 있는지 묻고싶다. 출근시간과 퇴근시간이 명확한 직장인의 생활과 달리 일하는 시간과 일하기 위해 준비해야 하는 시간과 공과 사가 완전하게 분리될 수 없는 이 정도의 단점은 기꺼이 받아들일 수 있는지 말이다. 그리고 본질로 돌아와 기본 중 기본이 될 것들을 언제나 한결같은 마음으로 지켜낼 수 있는지까지.

스스로에게 질문해 보며 모든 일의 대한 본질을 놓치지 말자.

사람들이 우리를 선택한 이유는 무엇일까.

처음 인하트 쿠키가 유튜브의 알고리즘 선택을 받아 전국적으로 주문이 들어오기 시작하고, 가게 앞 오픈 전부터 줄을 서서 쿠키를 구매하기 위해 기다리고, 베이킹 클래스를 요청하기 시작했을 때가 내게 있어 가장 혼란스러운 시기였다. 왜냐하면 소비자들(구독자들 포함)이 왜 굳이 많고 많은 쿠키집과 많고 많은 카페 브이로그 중에서 인하트 쿠키를 선택한 것인지에 대해 스스로 확신이 없었기 때문이다. 그렇다고 구독자들에게 일일이 "왜 인하트 쿠키를 구독하셨나요?" "왜 저희 브이로그를 봐주시는 건가요?" 라고 할 수도 없는 입장에서 내가 할 수 있는 건 여러 가지 시도를 해보는 것이었다. 예를 들면 구독자라고 하시며 타 지역에서 인하트 쿠키를 방문하기 위해 울산을 오셨다고 먼저 말씀해주시면 자연스레 "창업에 관심이 있으셨나 봐요~ 알고리즘에 영상이 뜬 걸까요?" 여쭤보거나, "처음 인하트를 어떻게 알게 되셨나요~?"라고 질문을 던지고 답을 들으면 모두 기록해놓곤 했다.

크게 두 가지의 대답을 들을 수 있었고 난 소비자들의 시점으로 돌아가 나 그리고 인하트 쿠키를 통찰하기 시작했다.

1. 글 쓰는 어린 작가/ 모델 겸 예체능 쪽에 종사했던 신기한 이력/ 언론 미디어 매스컴에 노출이 되고 있는 어린 창업가에 대한 호기심

2. 첫 창업임에도 불구하고 매출이 잘 나오는 매장 / 디저트 카페로 창업해서 답례품 전문점이라는 타이틀로 굳건히 자리 잡은 특이한 케이스에 대한 비결 모색

이 두 가지가 소비자들과 구독자들의 관심을 사로잡았다는 결과가 나왔고 통찰을 통해 찾아낸 결과를 조금 더 깊게 들여다보았을 때 알 수 있었다.
인하트 쿠키를 운영하는 글 쓰는 작가 민혜주라는 타이틀이 곧 우리 매장의 주체라는 사실 말이다.

그렇다면 실전에서 내가 행할 수 있던 노력은 해당 사실을 브랜딩으로 활용하여 역으로 자체 마케팅을 하는 방식이었다.
1. 유튜브 콘텐츠에 카페만이 아닌 '나'의 영역을 노출시키기. 노출을 시키면서도 소비자들에게 반응이 오는 영역에 한해서만 노출을 할 것.
예) 영상에 달리는 댓글들 속 구독자들의 질문이 많은 부분 : 집 인테리어, 본인이 착용하는 옷 또는 앞치마 등이 자연스레 노출 가능한 사적인 부분
2. 인하트 쿠키 관련 기사나 매스컴 타이틀에 1인 디저트 카페 사장이 아닌 글 쓰는 작가가 운영하는 또는 연습생 출신이라는 타이틀을 사용하여 '나'에게 관심이 주목될 수 있는 요소 만들어주기
3. 인하트 쿠키가 타 매장과 명확하게 차별화된 포인트 강조하기. 예)최초의 답례품 전문 쿠키 전문점 또는 코로나 시기 오픈한 첫 창업 쿠키 전문점이 대박이 났던 비결 등 한마디로 사람들이 이곳을 선택해야 하는 명확한 이유가 분명히 있어야 한다는 점이다.

그리고 '나' 자신을 개인 브랜딩 하는 일은 필수적인 일이라는 것. 나는 나라는 자산을 가지고 나의 브랜드에 투자를 하고, 활용을 하고, 그렇게 브랜딩을 굳건히 지켜내가고 있다. 그렇기에 글을 쓰는 일 안에서도 출판에 관련한 클래스를 진행하거나, 신간을 내는 일에 소홀하지 않는다. 더불어 크리에이터로서 계속해서 생산성 있고 유익한 콘텐츠를 만들기 위해 안주하지 않으며, 사업가로서 베이킹 클래스 또는 컨설팅을 통해 활동 반경을 넓히기 위해 꾸준히 노력한다. 내 삶을 내 일상을 열심히 살아내는 것이 개인의 사적인 영역을 벗어나 나의 인하트를 더 높이 멀리 가게 하는 일이기 때문이다.

그리하여 나의 원동력은 나 자신이며 또한 나의 자산은 인하트 쿠키이며 이 사실이 사람들이 우리를 선택한 이유가 된다.

포기하는 것을 실패가 아닌
방향 전환으로 생각할 줄 아는 용기

내가 가장 힘들었던 나이, 스물 다섯. 단면적으론 20대의 중반이 되어서였던 것 같기도 하고, 또 다른 면으론 내가 서울에 올라온 지 10년 차가 되었음에도 불구하고 뭔가 이뤄낸 게 없다는 사실 때문이었던 것 같기도 하다.

그때 당시, 앞서 책에도 나와있듯 고향에 정말 내려가고 싶었지만 감히 생각도 상상도 할 수 없었던 이유가 바로 실패한 것 같은 내 삶을 받아 들이기 어려웠기 때문이다. 나 자신도 그러한데 날 아는 누군가에게 나의 10년을 뭐라고 설명해야 할까 암담했다. 사실 아무도 나에게 관심 없을 거라 생각했지만 어쩌면 무서웠던 건 그저 나 자신에 대한 자신감이 모두 상실 되었다는 점. 고향을 떠나 올라올 때의 그 당당하던 꿈 많던 소녀의 모습이 상반되게 대비되면서 처절한 현실에 지금의 나를 내가 과연 받아들일 수 있을 것인가 하는 생각과 그때 당시 내가 기존에 하던 일을 그만두고, 새로운 일을 한다는 것 자체에 대한 모든 것이 두려운게 현실이었다.

새로 시작한다는 것이 아닌 기존에 하던 일을 그만 둔다는 과거에만 사로잡혀 기존의 일을 그만둔다는 행위 자체가 포기 혹은 실패라는 부정적인 키워드 들만으로 인식하게 되었고, 그 사고를 깨기까지 정말 오래 걸렸었다. 하지만 현실은 막상 그 사고를 깨는 데에는 단 몇 분도 걸리지 않았다. 허무하고 허탈할 만큼 말이다. 그게 가능했던 이유라면 단 하나였다. 문득 머리를 스친 생각 하나. '내가 실패를 한 게 아니라 그냥 내가 그만두는 거면? 그 꿈이 나를 포기한 게 아니라, 내가 그 꿈을 포기하고 돌아서는 거라면?'

그 작은 사고 방식 변환 하나가 내 삶을 송두리째 바꾸어준 것이다. 그저 나 자신이 스스로를 실패한 사람으로 만든 거였구나. 세상은 나를 그렇게 보고 있지 않는데 나만 피해 의식에 사로잡혀 스스로를 실패자로 낙인 해놨구나. 그렇다고 털어버리고 새로운 레이스에서 새로운 시작을 해보면 되겠구나 하고 생각하게 됐다.

누가 보기엔 그게 그 말이고, 그걸 모르는 사람이 있냐고 생각하겠지만 그게 정작 내일이 되고 내 상황이 되면 너무 뻔한 사고 하나도 쉽게 인지하지 못하게 된다. 나 역시 그랬고, 그 사실을 인지한 후로는 방향 전환이라는 큰 결정을 할 수 있게 된 것이다.

나와 엇비슷한 상황에라도 놓여 있는 이들에게 확신을 가지고 말 할 수 있다.

열 번 다 안 좋게 넘어져도 열한 번째 일어났을 땐 어떤 좋은 상황이 생길지 모른다. 뭘 해도 안 되는 사람이라고 생각할지라도 또 다른 어떤 면에선 잘 되는 사람이 될지 모른다.

그러니 본인이 실패하더라도, 넘어지더라도, 뭘 해도 안 되고 있다 해도, 남들이 나에 대해 뭐라고 하더라도 크게 개의치 말고 꿋꿋하게 일어나 새로운 레이스를 향해 잘 달려갈 거라 생각하고 나만의 긍정적인 말들만을 되새기며 힘차게 달리기를 바란다.

번외

special recipe

-

Love in heart

Romance in heart

IN HEART COOKIE RECIPE

오레오 오리지널 초콜렛 쿠키

상온에 보관한 버터 100g
흑설탕 40g
흰설탕 40g
계란 50g
바닐라빈 2g
소금 2g
베이킹 소다 2g
베이킹 파우더 3g
박력분 140g
통밀가루 40g
중력분 30g
다크 커버춰 초콜렛 50g
오레오 8개

1. 실온에 보관한 말랑한 상태의 버터와 설탕을 휘핑해 줍니다.
2. 계란을 2-3차례 나누어 넣고 빠르게 휘핑해줍니다.
3. 가루류 전부를 체쳐 넣은 후 스패츌러를 이용해 손으로 가볍게 섞어줍니다.
4. 낱가루가 보이지 않을 정도가 되면 오레오와 초콜렛을 넣어줍니다.
5. 1시간 정도 냉장 휴지 합니다.
6. 80g으로 소분 후 예열된 오븐에 180도 12분 구워줍니다.
   *오븐 사양에 따라 굽는 시간 및 온도는 조정해주어야 합니다.

IN HEART COOKIE RECIPE

말차 아몬드 초콜렛 쿠키

상온에 보관한 버터 80g
백설탕 80g
계란 50g
소금 1g
박력분 160g
중력분 60g
전분 7g
베이킹 소다 3g
베이킹 파우더 3g
아몬드 플레이크 50g
다크 커버춰 초콜렛 40g
초코칩 20g

1. 실온에 보관한 말랑한 상태의 버터와 설탕을 휘핑해 줍니다.
2. 계란을 2-3차례 나누어 넣고 빠르게 휘핑해줍니다.
3. 가루류 전부를 체쳐 넣은 후 스패츌러를 이용해 손으로 가볍게 섞어줍니다.
4. 날가루가 보이지 않을 정도가 되면 오레오와 초콜렛을 넣어줍니다.
5. 1시간 정도 냉장 휴지 합니다.
6. 80g으로 소분 후 예열된 오븐에 180도 9분 구워줍니다.
   *오븐 사양에 따라 굽는 시간 및 온도는 조정해주어야 합니다.

IN HEART COOKIE 민혜주

1판 1쇄 05월 20일

지은이 민혜주
이메일 min2520957@naver.com
instagram @hyejoo__o
카카오브런치 brunch.co.kr/@min2520957
youtube 인하트쿠키_혜주

발행인 김지선
펴낸이 새벽감성
출판등록 - 2016년 12월 23일 제2016-000098호

*이 책의 사진과 글의 전부 또는 일부를 발췌하거나 인용하려면 반드시 새벽감성 출판사의 동의를 얻어야 합니다.